북한의 청년들에게 물었습니다

북한의 청년들에게 물었습니다

초판 1쇄 인쇄일 2016년 11월 22일
초판 1쇄 발행일 2016년 11월 27일

지은이 김민종
펴낸이 양옥매
디자인 이수지
교 정 조준경

펴낸곳 도서출판 책과나무
출판등록 제2012-000376
주소 서울특별시 마포구 월드컵북로 44길 37 천지빌딩 3층
대표전화 02.372.1537   **팩스** 02.372.1538
이메일 booknamu2007@naver.com
홈페이지 www.booknamu.com
ISBN 979-11-5776-321-4 (03300)

이 도서의 국립중앙도서관 출판시도서목록(CIP)은 서지정보유통지원 시스템
홈페이지(http://seoji.nl.go.kr)와 국가자료공동목록시스템
(http://www.nl.go.kr/kolisnet)에서 이용하실 수 있습니다.
(CIP제어번호 : CIP2016027967)

북한의
청년들에게
물었습니다

김민종 지음

책과나무

| 차례 |

table of contents

| 들어가는 말 |

'진짜 북한
청년들의 목소리'

　남북 관계가 끊임없이 롤러코스터를 타고 있다. 최근에는 강대강 대치 속에서 악화되는 상황을 경신하고 있다. 1957년 7월 27일 휴전협정 이후 약 60여 년이 흘렀지만 통일의 길은 여전히 멀고 험난해 보인다. 가족조차 보지 못하고 고향땅마저 밟지 못하는 이 분단은 언제까지 지속되어야 할까. 남북은 2000년부터 총 20여 차례에 걸쳐 이산가족상봉 행사를 진행했지만 참여한 가족들은 2,200여 명에 불과했다. 남한의 통일부 이산가족정보통합시스템에 등록된 이산가족이 12만 9,000여 명임을 감안한다면 단 1.7% 수준이다. 더욱 심각한 것은 이들의 고령화로 인해서 상봉의 시간이 이제 한계에 다다랐다는 것이다.

이렇듯 체제와 이념을 초월하여 가장 기본적이면서도 시급한 문제를 뒤로한 채 우리는 다른 방향으로 열광하고 있다. 남한의 대중매체에서는 최근 북한에 대해서 말하는 시사·교양·예능 프로그램들이 많아졌다. 그러나 내용적으로는 공영방송이나 종합편성채널 할 것 없이 오락 위주의 편성으로 시청률 잡기에 열을 올리고 있다.

남한의 북한 관련 프로그램들은 두 가지 특징으로 요약되는데, 첫째는 바로 탈북자들이다. 3만여 명에 달하는 남한 내의 탈북자들은 그들의 충격적인 경험담이나 재치 있는 입담으로 프로그램의 주연을 맡는다. 방송국 입장으로서는 북한을 가장 잘 알고, 가장 잘 말할 줄 아는 그들이 인형 뽑기 하듯 쉽게 뽑아 올릴 수 있는 거대한 데이터베이스와 다를 바 없다. 그러나 탈북자들은 2,500만여 명의 북한 주민에 비하면 극소수의 표본이다. 또한 탈북자들의 특성상 각계각층의 북한 사람들의 의견을 대변하지 못한다. 이러한 탈북자들이 과연 일반적인 북한의 이야기를 하는 사람으로서의 표본으로 적당한가에 대한 비판적인 시각을, 우리는 가져 본 적이 있는가? 그들의 기구한 사연에 혹은 우리와는 너무 달랐던 삶의 모습에 너무 쉽게 그들의 이야기를 일반적인 북한의 모습으로 인식하고 있지는 않은지 생각해 보아야 한다.

두 번째 특징은 한류 열풍이다. 최근에 여러 프로그램들에서 많은 사람들에게 입방아처럼 오르내리는 이야기가 바로 북한에 한류 열풍이 불고 있다는 것이다. 한류(韓流)는 남한의 대중문화 요소가 외국에서 유행하는 현상을 일컫는 말인데, 북한에서 남한의 문화양식이 유행처럼 번지고 있다는 이야기이다. 최근에는 이러한 흐름이 학계에도 퍼져서 북한에서의 한류 열풍과 관련한 연구물도 끊임없이 등장하고 있다. 연구자들은 이러한 한류 열풍이 문화적 간극을 줄이고 남과 북의 통합에 기여할 것이라는 일방적인 결론을 맺고 있다. 심지어는 북한 당국의 단속과 처벌을 피해 좀 더 많은 주민들에게 남한의 영상매체를 통해 외부 정보를 유입시킬 수 있는 지혜가 필요하다고 주장한다. 하지만 이것이 정말로 '받아들일 만(Acceptable)'한지는 따져 보아야 한다. 필자는 문화 열풍이 남에서 북으로 불 뿐만 아니라 북에서 남으로도 불 수 있다고 생각한다. 그러나 남북 관계의 열매가 충분히 무르익지 않은 상태에서 위와 같은 방법으로 문화적 열풍을 억지로 조성하는 것과, 북한 주민들이 남한에 대한 기본적인 이해가 따르지 않은 상태에서 영화나 드라마에만 나오는 환상적이고 이상적인 모습을 액면 그대로 받아들이고 동경하는 것이 과연 남북 관계의 개선에 도움이 될 것인가에 대한 의문이 든다.

　또한 남한의 북한 관련 프로그램들과 북한의 한류 열풍에 관한 연구들은 북한의 주류(主流) 문화를 만들어 가는 평양 시민들이 아니라 모두가 탈북자들에게 근거한다는 점이다. 현재 남한의 주민이 북한에 방문하기 위해서는 「남북교류협력에 관한 법률」에 의거하여 대통령령으로 정하는 바에 따라 통일부장관의 방문승인을 받아야 하며,

통일부장관이 발급한 증명서를 소지하여야 한다. 따라서 일반적인 경우는 불가능에 가깝다는 말이다. 방송 프로그램과 연구자들은 탈북한 지 얼마 되지 않은 탈북자들을 출연자로 발탁하고 연구의 표본으로 삼는다고 하지만, 평양 땅에 발을 붙이고 고등교육을 받고 일반적으로 생활에 만족하는 사람들의 생각과는 분명히 다를 수 있다.

필자는 이 책을 통해서 진짜 북한 사람들의 이야기를 들려주려고 한다. 남한의 청년들에게서 취합한 질문을 북한의 청년들에게 던졌다. 남북 관계가 중단된 지금, 우리가 가장 궁금해하는 것들을 이렇게나마 알려 주고 싶었다. 필자에게는 가슴이 벅차고 떨리는 일이었지만, 그들에게는 어떤 의미였는지는 모르겠다. 다만 필자가 받은 질문과 답변을 현장 그대로 전달하면서 전달자로서의 역할에 충실하고자 하였다.

판단은 오롯이 독자들의 몫이다.

2016년 11월
오클랜드에서

필자는 책의 제작에 앞서 남과 북의 청년들이 한 테이블에 앉아 대화하는 모습을 자주 떠올렸다. 어느 날 통일이 되어서 우리가 평양과 금강산, 백두산에 갈 수 있다면, 그래서 북한 사람들을 만나고 친구가 된다면 어떤 질문들을 하게 될까? 여행, 스포츠, 경제, 전자기기, 영화, 음악, 건강, 결혼 등 우리의 일상생활을 만드는 수많은 주제들 사이에서 질문들을 작성하기란 무척이나 어려웠다. 그리고 그것의 대상이 북한 청년들이기에 더 고민스러웠다.

그러다가 생각한 방법은 필자가 직접 질문지를 작성하기보다는 남한의 청년들이 직접 질문을 만들게 하는 것이었다. 따라서 남한의 한 리서치 회사를 통해서 질문지 작성을 의뢰하게 되었다. 연령층 14세 ~ 39세에 해당하는 성별 무관한 300명의 무작위 표본으로, 스마트폰을 통한 답변 작성으로 진행되었다. 남한의 청년들이 다음과 같은 질문에 질문들을 만들어 주었다.

'만약에 당신이 북한에 친구가 있다면
가장 궁금한 점이 무엇인가요?'

 응답자들에게 한 명당 두 가지 질문을 요청하여 총 600가지 질문을
결과로 받게 되었다. 그중에서 무성의하거나 이해할 수 없는 질문들
은 제외시켰고, 비슷하거나 중복되는 질문들은 종합하여 총 100가지
질문을 만들었다. 그리고 이 100가지 질문을 다음과 같은 유형으로
분류하였다. 질문 유형들이 아래와 같이 정리될 수 있었던 이유는 청
년층들을 대상으로 설문조사를 했기 때문에 그들의 비슷한 관심사가
결국 동일한 유형으로 분류될 수 있었다고 판단한다.

 1. 통일 · 남한 관련 질문 15문항
 2. 교육 · 학교 관련 질문 20문항
 3. 직업 · 연애 · 결혼 관련 질문 15문항
 4. 일반생활 · 문화 관련 질문 35문항
 5. 기타 질문 15문항

1	통일을 왜 해야만 한다고 생각하나요?
2	통일을 하기 위하여 가장 먼저 할 일이 무엇이라고 생각하나요?
3	남한에 대해서 교육을 받는지요? 받는다면 어떻게 받는지요?
4	남한 드라마나 미국 드라마를 본 적이 있나요?
5	남한에서 살고 싶다는 생각을 해 본 적이 있나요?
6	남한에 대해서 어떻게 생각하나요?
7	남한이 미국의 식민지이고 남한이 자주권이 없다고 생각하는 이유는 무엇인가요? (질문자 임의 추가)
8	남한의 가로수길 같은 젊은이들의 명소는 어디인가요?
9	통일이 되면 가장 하고 싶은 일이 무엇인가요?
10	남한에서 가장 먹어 보고 싶은 음식은 무엇인가요?
11	남한 소식 및 대외사정은 어떻게 아나요?
12	유명한 남한 노래나 드라마가 있나요?
13	정말 남한과 전쟁을 하고 싶지 않고 평화 통일을 하고 싶어 하나요?
14	개성공단 폐쇄에 대해서 어떻게 생각하나요?
15	남한에서 가장 가 보고 싶은 곳은 어디인가요?

교육 · 학교 관련

16	교육 과정이 어떻게 되나요?
17	대학 생활은 어떤가요?
18	휴식 시간에는 주로 무엇을 하나요?
19	학생의 용돈은 얼마인가요?
20	학교에서 수학여행으로 어디를 가나요?
21	진로 및 진학 문제를 누구와 상의하고 어떻게 해결해 나가나요?
22	교복이 학교마다 다르나요?
23	대학 진학 비율이 어떻게 되나요? (시간상 못한 질문)
24	영어 교육은 어떻게 받나요?
25	점심시간에 급식을 먹나요? 도시락을 싸 가나요?
26	대학 입학시험을 치나요?
27	사교육이 있나요?
28	방학이 있나요? (시간상 못한 질문)
29	공부를 열심히 하는 이유가 무엇인가요? 어떤 혜택이 있나요?
30	컴퓨터로 주로 무슨 일을 하나요?
31	휴대전화(손전화)로 주로 무슨 일을 하나요?
32	잠은 하루에 몇 시간씩 자나요?
33	요즘 가장 큰 고민이 무엇인가요? (시간상 못한 질문)
34	가장 인기 있는 과목 및 학과는 무엇인가요?
35	학교가 남학교, 여학교 따로 되어 있나요? 아니면 합반인가요?

일반생활 · 문화 관련

51	건강관리는 어떻게 하나요? 건강보험이 있나요?
52	본인의 생활수준이 어떻다고 생각하나요?
53	가장 인기 있는 화장품은 무엇인가요?
54	일반적인 가정생활에 대해서 알려 주세요.
55	생활 및 일과가 어떻게 되시나요?
56	가장 감명 깊게 본 영화는 무엇인가요?
57	가장 하고 싶은 일이 무엇인가요? (시간상 못한 질문)
58	쇼핑은 어떻게 하나요?
59	친구들과 놀 곳이 많이 있나요? 보통 무엇을 하면서 휴일을 보내나요?
60	지금 북한에서 가장 핫(뜨거운 관심의 대상)한 게 무엇인가요?
61	인터넷을 할 수 있나요? 할 수 있다면 속도가 어떤지요? (시간상 못한 질문)
62	종교가 있나요?
63	클럽(젊은이들이 음악을 듣고 술 마시고 춤추는 곳)이 있나요?
64	취미 생활이 무엇인가요?
65	즐겨 보는 TV 프로그램이 있나요?
66	북한 사람들이 생각하는 북한의 명소는 어디인가요?
67	제일 추천해 주고 싶은 음식은 무엇인가요?
68	문화생활의 종류에 대해서 알려 주세요.
69	가장 인기 있는 스포츠는 무엇인가요?
70	가장 인기 있는 가수는 누구인가요?
71	가장 인기 있는 노래는 무엇인가요?

91	빈부격차에 대해서 어떻게 생각하나요?
92	자본주의를 어떻게 생각하나요?
93	미국과 같은 서방국가들에 대해서 어떻게 생각하나요?
94	외부에서 북한을 보여 주는 영화, 뉴스 등의 모습과 정말 똑같나요? 이러한 것에 대해서 어떻게 생각하나요?
95	자유시간이 많이 있나요? (시간상 못한 질문)
96	북한의 핵실험에 대해서 어떻게 생각하나요?
97	북한에 사는 것이 다른 나라에 사는 것보다 장점이 있다면 무엇인가요?
98	북한 말고 다른 나라에서 살 수 있다면 어느 나라에서 살고 싶은가요?
99	노후 준비는 어떻게 하나요?
100	남한 청년들에게 하고 싶은 말이 있다면요?

필자는 6월 15일에서 6월 25일까지 10박 11일간 평양에 체류하였고, 그동안 총 네 번의 미팅으로 각기 다른 네 그룹을 인터뷰 대상으로 맞이하게 되었다. 청년들 그룹은 각각 어린이종합식료공장, 김일성종합대학, 장천남새(=채소)협동농장, 김책공업종합대학으로, 공장노동자, 농장노동자 및 대학 청년들이 골고루 있었다. 그뿐만 아니라 같은 그룹 내에서도 대학생 그룹은 학년과 전공이 달랐고, 직장인 그룹은 일하는 분야가 각기 달랐다.

한번 인터뷰를 진행할 때 약 세 시간 정도의 시간이 소요되었다. 결코 길지 않은 시간이어서 그룹별 특성에 맞춰서 질문을 했음에도 불구하고 여러 질문이 섞이다 보니, 안타깝게도 일부 마무리하지 못한 질문도 있었다. 물론 북한의 청년들은 매우 성실하고 적극적으로 답변에 임해 주었다. 필자는 응답자들이 질문을 만들면서 어떠한 생각을 가지고서 위와 같은 질문을 했는지 알지 못하기 때문에 언어적인 차이로 단어의 뜻을 이해하지 못한 경우를 제외하고는 최대한 질문에 대한 부연설명을 자제했다. 물론 대부분의 질문은 설명할 필요가 없었다.

다음은 인터뷰에 임해 준 북한 청년들의 간략한 신상 정보이다.

어린이종합식료공장
청년들
(좌측 위부터 차례대로)

김국석 (28세 · 어린이종합식료공장 공장연구사)

강옥희 (25세 · 어린이종합식료공장 노동자)

김 향 (25세 · 어린이종합식료공장 노동자)

문혜정 (25세 · 어린이종합식료공장 판매원)

리윤화 (26세 · 어린이종합식료공장 노동자)

현송국 (31세 · 어린이종합식료공장 공장임원)

안수련 (24세 · 어린이종합식료공장 판매원)

리설향 (26세 · 어린이종합식료공장 설계원)

리금별 (28세 · 어린이종합식료공장 판매원)

조일혁 (28세 · 어린이종합식료공장 공장연구사)

강　훈 (28세 · 김일성종합대학 컴퓨터과학대학 5학년)

김경일 (28세 · 김일성종합대학 지구환경과학부 5학년)

김진혁 (28세 · 김일성종합대학 생명과학부 5학년)

김　향 (22세 · 김일성종합대학 문학대학 6학년)

남원호 (31세 · 김일성종합대학 전자자동화학부 5학년)

리광영 (35세 · 김일성종합대학 문학대학 5학년)

안향심 (20세 · 김일성종합대학 철학부 5학년)

류은경 (20세 · 김일성종합대학 컴퓨터과학대학 6학년)

필　자

리유정 (22세 · 김일성종합대학 전자자동화학부 6학년)

계명진 (30세 · 김일성종합대학 생명과학부 5학년)

장천남새(=채소)협동농장
청년들

(좌측 위부터 차례대로)

라명남 (31세 · 장천남새협동농장 문화회관관장)

류경일 (26세 · 장천남새협동농장 회관직원)

김영일 (30세 · 장천남새협동농장 작업반)

리효성 (25세 · 장천남새협동농장 과학기술보급실 봉사원)

림용일 (31세 · 장천남새협동농장 농장원)

김충근 (32세 · 장천남새협동농장 작업반장)

김설경 (24세 · 장천남새협동농장 소조원)

김신애 (23세 · 장천남새협동농장 봉사원)

필   자

농장안내원

안철옥 (27세 · 장천남새협동농장 봉사원)

김책공업종합대학
청년들

(좌측 위부터 차례대로)

김효성 (27세 · 김책공업종학대학 자동화공학부 5학년)

황주희 (28세 · 김책공업종학대학 정보과학기술대학 5학년)

장성룡 (19세 · 김책공업종학대학 자동화공학부 3학년)

김철국 (32세 · 김책공업종학대학 공업경제관리학부 6학년)

유철준 (30세 · 김책공업종학대학 공업경제관리학부 5학년)

김성범 (26세 · 김책공업종학대학 정보과학기술대학 2학년)

김서향 (20세 · 김책공업종학대학 선박해양공학부 4학년)

홍은아 (23세 · 김책공업종학대학 정보과학기술대학 6학년)

필　자

최현화 (22세 · 김책공업종학대학 정보과학기술대학 6학년)

오현경 (21세 · 김책공업종학대학 전자공학부 5학년)

통일·남한
관련 질문

1 통일을 왜 해야만 한다고 생각하나요?

리금별, 28
어린이종합식료공장
판매원

    통일은 우리 민족 모두가 바라는 최대의 소원이 아닙니까? 우리 수령님께서 일찍이 통일은 애국이고 분열은 매국이라고 하셨습니다. 우리 민족이 예로부터 5천 년의 역사와 문화를 가지고 있고, 또 우리 조선 사람이 얼마나 슬기로운 민족입니까? 그런데 이런 민족이 외세에 의해서 70년 세월을 갈라져서 살고 있는데, 지금 온 세계는 자기 나라 발전에 매진하고 있는 상황 속에서 갈라져 분열의 고통을 겪고 있는 것이 이게 얼마나 가슴 아픕니까? 통일이 되면 우리 민족이 국토도 넓어지고 인구도 많아지고 발전할 것은 뻔한데 분열된 상황이 가슴 아프단 말입니다. 특히 통일에서 우리 청년들이 통일의 선위대라고 생각합니다. 통일이 되면 우리 북조선은 정치사상강국이고 군사강국입니다. 남조선도 세계적으로 경제가 발전한 나라니, 통일이 되면 정치적 · 군사적 · 경제적으로 강해져서 얼마나 발전하겠습니까? 정말 하루 빨리 통일이 되길 소원합니다.

강옥희, 25
어린이종합식료공장
노동자

저는 통일을 왜 해야 한다고 생각하느냐고 묻는 것 자체가 이해가 안 갑니다. 자기가 일단 조선 사람이라고 생각했으면 같은 민족끼리 사는 것은 뭐라고 해야 할까, '같은 겨레끼리 함께 살자.' 그러니까, 민족성이란 말입니다. 민족성이 없는 사람은 통일도 원하지 않습니다. 자기가 조선 민족이다 하고 일단 생각했으면 통일을 해야 한다고 무조건 생각해야 한다고 봅니다. 그래야 민족의 자주권도 보다 높아진다고 생각합니다. 그리고 오랜 세월 갈라져 있으니까 한민족이라기보다도 이질성이 많아지는데, 이런 분열이 오래 지속되는 경우에는 남남이 되니 얼마나 가슴이 아픕니까?

김효성, 27

김책공업종합대학
자동화공학부 5학년

우리 북과 남은 서로 다른 민족이 아니라 한민족이란 말입니다. 북과 남이 갈라져서 사는 것이 우리 민족의 요구가 아니라 외세에 의해서 분단되었지 않습니까? 단일민족으로서 그동안 살아왔고, 갈라서야 할 이유가 없습니다. 하루 빨리 조국이 통일되어서 북과 남이 힘을 합쳐서 미제를 몰아내고 세상에서 가장 강하고 세상에서 가장 발전된 나라를 세워야 한다고 생각합니다.

김철국, 32

김책공업종합대학
공업경제관리학부
6학년

조국 통일은 우리 민족 최대의 숙원이라고 생각합니다. 금속활자를 놓고 봐도 세계에서 최초로 만들었고, 우리 인민의 역사가 오천 년인데 그렇게 긴 역사를 가진 민족이 드물지 않습니까? 그런데 둘로 갈라져서 살고 있는 것 자체가 수치란 말입니다. 가고 싶은 곳을 가지도 못하고 서로 만나고 싶은데 만나지도 못하니 얼마나 비극입니까? 경애하는 원수님께서 조선로동당 제7차 당대회* 사업총화보고에서 우리 민족이 통일되면 8천만 인구가 막강한 국력을 가진 강대한 나라가 될 것이며, 동북아시아와 세계평화를 주도할 수 있는 선진국이 될 것이라고 말씀하셨습니다. 하루 빨리 통일이 되어서 강대한 통일강국을 일떠세워야 한다고 생각합니다.

유철준, 30

김책공업종합대학
공업경제관리학부
5학년

6·15 통일시대에 흩어진 가족상봉을 보면서 많은 사람들이 왜 나눠서 살아야 하는가 가슴 아파했단 말입니다. 그런 상황을 빨리 벗어나기 위해서라도 통일이 되어야 한다고 생각합니다.

* 당대회

북한에서 가장 큰 국정행사로, 국정을 평가하고 국가가 나아갈 큰 방향과 비전을 정하는 자리이다. 북한에서는 36년 만에 2016년 5월 6일부터 9일까지 제7차 당대회를 개최하였다. 지난 당대회는 다음과 같다. 제1차 당대회(1946년 8월), 제2차 당대회(1948년 3월), 제3차 당대회(1956년 4월), 제4차 당대회(1961년 9월), 제5차 당대회(1970년 11월), 제6차 당대회(1980년 10월). 금번 제7차 당대회에서는 김일성-김정일주의가 당의 지도이념으로 채택되었고, 당 규약에 핵보유국을 명시하고 경제 · 핵 병진노선이 정책노선으로 공식화되었으며, 김정은 원수가 조선로동당 위원장으로 공식 승격되었다.

2 통일을 하기 위하여 가장 먼저 할 일이 무엇이라고 생각하나요?

현송국, 31
어린이종합식료공장
공장임원

　조국통일3대헌장*, 6·15 북남공동선언*에 나와 있는 바와 같이 조국 통일은 언제까지나 자주적으로 해야 한다고 생각합니다. 미국이 우리의 통일을 바라지 않는 만큼 우리끼리 힘을 합쳐서 통일을 해야 한다고 생각합니다.

리금별, 28
어린이종합식료공장
판매원

　저는 38선부터 해체해야한다고 생각합니다. 나라의 허리가 절반으로 두 동강 났는데 얼마나 가슴이 아픕니까?

강 훈, 28

김일성종합대학
컴퓨터과학대학
5학년

통일을 위해서 할 일이 많지만 수령님께서 천명하신 6·15공동선언, 10·4선언*부터 철저히 이행해야 한다고 봅니다. 그리고 남조선 주한미군을 내보내서 분열된 상태를 회복해야 한다고 생각합니다. 그다음에 조선반도는 지금 기술적으로 정전 상태나 다름없지 않습니까? 따라서 평화협정을 체결하고 38선을 허물어서 북과 남의 사람들이 자유롭게 왔다 갔다 하면서 교류를 해야 통일이 빨리 올 것이라고 생각합니다.

류은경, 20

김일성종합대학
컴퓨터과학대학
6학년

자기의 체제만 주장하지 말고 수령님이 제시한 연방제 방안처럼 서로의 체제를 인정해야 한다고 봅니다.

계명진, 30

김일성종합대학
생명과학부
5학년

우선 외세에 의존하지 말아야 합니다. 그런데 남조선에 우리 민족이 아닌 미제가 들어가 있지 않습니까? 미국의 간섭 없이 우리가 자체적으로 평화적인 방법으로 통일을 해서 부강한 민족으로 발전했으면 좋겠습니다.

안철옥, 27

장천남새협동농장
봉사원

남조선에서 미국과 역적패당들을 하루 빨리 쓸어버리고 우리가 자주적이고 평화적으로 통일해야 한다고 생각합니다.

라명남, 31

장천남새협동농장
문화회관관장

남조선과 우리 사이에 긴장된 정세를 없애고 6·15 통일시대에 고취되었던 분위기를 다시 살리는 방향, 통일 분위기와 열풍을 일으키는 방향에서 대화와 협상도 진행되어야 한다고 봅니다.

* 조국통일 3대헌장

　김정일 국방위원회 위원장은 1997년 8월 4일에 발표한 노작 '위대한 수령 김일성동지의 조국통일 유훈을 철저히 관철하자'에서 조국통일3대원칙, 전민족대단결10대강령, 고려민주연방공화국창립 방안을 조국통일의 3대헌장으로 정립하였다.

　조국통일3대원칙은 김일성 주석이 1972년 5월 3일, 11월 3일 고위급정치회담에서 발표하였으며, 그 내용은 다음과 같다.

조국통일 3대헌장 기념탑

(1) 나라의 통일을 외세에 의존하거나 외세의 간섭을 받음이 없이 자주적으로 실현하여야 한다.

(2) 사상과 이념, 제도의 차이를 초월하여 민족적 대단결을 도모하여야 한다.

(3) 조국통일을 무력행사에 의거함이 없이 평화적으로 실현하여야 한다.

전민족대단결10대강령은 김일성 주석이 1993년 4월 6일에 발표한 노작 '조국통일을 위한 전민족대단결10대강령'에 대한 내용이다.

(1) 전민족의 대단결로 자주적이고 평화적이며 중립적인 통일국가를 창립하여야 한다.

(2) 민족애와 민족자주정신에 기초하여 단결하여야 한다.

(3) 공존, 공영, 공리를 도모하고 조국통일위업에 모든 것을 복종시키는 원칙에서 단결하여야 한다.

(4) 동족 사이에 분열과 대결을 조장시키는 일체 정쟁을 중지하고 단결하여야 한다.

(5) 북침과 남침, 승공과 적화의 위구를 다 같이 가시고 서로 신뢰하고 단합하여야 한다.

(6) 민주주의를 귀중히 여기며 주의주장이 다르다

고 하여 배척하지 말고 조국통일의 길에서 함께
손잡고 나가야 한다.

(7) 개인과 단체가 소유한 물질적·정신적 재부를 보
호하여야 하며 그것을 민족대단결을 도모하는
데 이롭게 이용하는 것을 장려하여야 한다.

(8) 접촉, 왕래, 대화를 통하여 전 민족이 서로 이해
하고 신뢰하며 단합하여야 한다.

(9) 조국통일을 위한 길에서 북과 남, 해외의 전 민족
이 서로 연대성을 강화하여야 한다.

(10) 민족대단결과 조국통일위업에 공헌한 사람들을
높이 평가하여야 한다.

고려민주연방공화국창립방안은 김일성 주석이
1980년 10월 10일 조선로동당 제6차 대회의 한 중
앙위원회 사업총화보고에서 발표하였다. 본질적
내용은 첫째, 남과 북이 서로 상대방에 존재하는
사상과 제도를 그대로 인정하고 용납하는 기초 위
에서 남과 북이 동등하게 참가하는 민족통일정부
를 내오는 것이며 둘째, 민족통일정부 밑에서 남
과 북이 같은 권한과 의무를 가지고 각각 지역자치
제를 실시하는 연방공화국을 창립하는 것이다.

* 6·15 공동선언

(1) 남과 북은 나라의 통일 문제를 그 주인인 우리 민족끼리 서로 힘을 합쳐 자주적으로 해결해 나가기로 하였다.

(2) 남과 북은 나라의 통일을 위한 남측의 연합 제안과 북측의 낮은 단계의 연방제안이 서로 공통성이 있다고 인정하고, 앞으로 이 방향에서 통일을 지향시켜 나가기로 하였다.

(3) 남과 북은 올해 8· 15에 즈음하여 흩어진 가족, 친척 방문단을 교환하며 비전향 장기수 문제를 해결하는 등 인도적 문제를 조속히 풀어 나가기로 하였다.

(4) 남과 북은 경제 협력을 통하여 민족 경제를 균형적으로 발전시키고 사회 · 문화 · 체육 · 보건 · 환경 등 제반 분야의 협력과 교류를 활성화하여 서로의 신뢰를 다져 나가기로 하였다.

(5) 남과 북은 이상과 같은 합의 사항을 조속히 실천에 옮기기 위하여 이른 시일 안에 당국 사이의 대화를 개최하기로 하였다.

* 10 · 4 공동선언

남한의 노무현 대통령이 2007년 10월 2일부터 10월 4일까지 평양에 방문하여 북한의 김정일 국방위원장과 상봉을 하였으며 정상 회담을 가졌다. 본 선언은 정상 사이의 회담을 통해 작성되었고, 8개 조항은 다음과 같다.

남한의 김대중 대통령이 2000년 6월 13일부터 6월 15일까지 평양에 방문하여 북한의 김정일 국방위원장과 상봉을 하였으며 정상 회담을 가졌다. 남북 정상은 남북 관계의 발전과 조속한 평화통일을 위하여 공동선언문을 채택하였다.

(1) 남과 북은 6·15 공동선언을 고수하고 적극 구현해 나간다. 남과 북은 우리 민족끼리 정신에 따라 통일 문제를 자주적으로 해결해 나가며 민족의 존엄과 이익을 중시하고 모든 것을 이에 지향시켜 나가기로 하였다. 남과 북은 6·15 공동선언을 변함없이 이행해 나가려는 의지를 반영하여 6월 15일을 기념하는 방안을 강구하기로 하였다.

(2) 남과 북은 사상과 제도의 차이를 초월하여 남북

관계를 상호 존중과 신뢰 관계로 확고히 전환시
켜 나가기로 하였다. 남과 북은 내부 문제에 간
섭하지 않으며 남북 관계 문제들을 화해와 협력,
통일에 부합되게 해결해 나가기로 하였다. 남과
북은 남북 관계를 통일 지향적으로 발전시켜 나
가기 위하여 각기 법률적 · 제도적 장치들을 정
비해 나가기로 하였다. 남과 북은 남북 관계 확
대와 발전을 위한 문제들을 민족의 염원에 맞게
해결하기 위해 양측 의회 등 각 분야의 대화와
접촉을 적극 추진해 나가기로 하였다.

(3) 남과 북은 군사적 적대관계를 종식시키고 한반
도에서 긴장 완화와 평화를 보장하기 위해 긴밀
히 협력하기로 하였다. 남과 북은 서로 적대시하
지 않고 군사적 긴장을 완화하며 분쟁 문제들을
대화와 협상을 통하여 해결하기로 하였다. 남과
북은 한반도에서 어떤 전쟁도 반대하며 불가침
의무를 확고히 준수하기로 하였다. 남과 북은 서
해에서의 우발적 충돌 방지를 위해 공동어로수
역을 지정하고 이 수역을 평화수역으로 만들기
위한 방안과 각종 협력사업에 대한 군사적 보장
조치 문제 등 군사적 신뢰 구축 조치를 협의하기
위하여 남측 국방부 장관과 북측 인민무력부 부

장 간 회담을 금년 11월 중에 평양에서 개최하기로 하였다.

(4) 남과 북은 현 정전체제를 종식시키고 항구적인 평화체제를 구축해 나가야 한다는 데 인식을 같이하고 직접 관련된 3자 또는 4자 정상들이 한반도 지역에서 만나 종전을 선언하는 문제를 추진하기 위해 협력해 나가기로 하였다. 남과 북은 한반도 핵문제 해결을 위해 6자회담, 9·19 공동성명과 2·13 합의가 순조롭게 이행되도록 공동으로 노력하기로 하였다.

(5) 남과 북은 민족 경제의 균형적 발전과 공동의 번영을 위해 경제협력사업을 공리공영과 유무상통의 원칙에서 적극 활성화하고 지속적으로 확대 발전시켜 나가기로 하였다. 남과 북은 경제협력을 위한 투자를 장려하고 기반시설 확충과 자원 개발을 적극 추진하며 민족내부협력사업의 특수성에 맞게 각종 우대조건과 특혜를 우선적으로 부여하기로 하였다. 남과 북은 해주 지역과 주변 해역을 포괄하는 서해평화협력특별지대를 설치하고 공동어로구역과 평화수역 설정, 경제특구 건설과 해주항 활용, 민간선박의 해주직항로 통과, 한강하구 공동이용 등을 적극 추진해 나가기

로 하였다. 남과 북은 개성공업지구 1단계 건설을 빠른 시일 안에 완공하고 2단계 개발에 착수하며 문산-봉동 간 철도화물수송을 시작하고, 통행·통신·통관 문제를 비롯한 제반 제도적 보장조치들을 조속히 완비해 나가기로 하였다. 남과 북은 개성-신의주 철도와 개성-평양 고속도로를 공동으로 이용하기 위해 개보수 문제를 협의·추진해 가기로 하였다. 남과 북은 안변과 남포에 조선협력단지를 건설하며 농업, 보건의료, 환경보호 등 여러 분야에서의 협력사업을 진행해 나가기로 하였다. 남과 북은 남북 경제협력사업의 원활한 추진을 위해 현재의 '남북경제협력추진위원회'를 부총리급 '남북경제협력공동위원회'로 격상하기로 하였다.

(6) 남과 북은 민족의 유구한 역사와 우수한 문화를 빛내기 위해 역사, 언어, 교육, 과학기술, 문화예술, 체육 등 사회문화 분야의 교류와 협력을 발전시켜 나가기로 하였다. 남과 북은 백두산관광을 실시하며 이를 위해 백두산-서울 직항로를 개설하기로 하였다. 남과 북은 2008년 북경 올림픽경기대회에 남북응원단이 경의선 열차를 처음으로 이용하여 참가하기로 하였다.

(7) 남과 북은 인도주의 협력사업을 적극 추진해 나가기로 하였다. 남과 북은 흩어진 가족과 친척들의 상봉을 확대하며 영상 편지 교환사업을 추진하기로 하였다. 이를 위해 금강산면회소가 완공되는 데 따라 쌍방 대표를 상주시키고 흩어진 가족과 친척의 상봉을 상시적으로 진행하기로 하였다. 남과 북은 자연재해를 비롯하여 재난이 발생하는 경우 동포애와 인도주의, 상부상조의 원칙에 따라 적극 협력해 나가기로 하였다.

(8) 남과 북은 국제무대에서 민족의 이익과 해외 동포들의 권리와 이익을 위한 협력을 강화해 나가기로 하였다. 남과 북은 이 선언의 이행을 위하여 남북총리회담을 개최하기로 하고, 제 1차 회의를 금년 11월 중 서울에서 갖기로 하였다. 남과 북은 남북 관계 발전을 위해 정상들이 수시로 만나 현안 문제들을 협의하기로 하였다.

3 남한에 대해서 교육을 받는지요? 받는다면 어떻게 받는지요?

문혜정, 25
어린이종합식료공장
판매원

우리는 교육을 받는다고 해서 남조선, 북조선 가르지 않습니다. 하나의 조선에 대해서 교육을 받습니다. 초급중학교부터 남조선의 정치 · 교육 · 사회문화에 대해서 배우는데, 우리는 남조선을 식민지 반자본주의 사회, 남조선 인민들의 자주성이 외국에 의해서 유린당하고 있다고 배웁니다.

김국석, 28
어린이종합식료공장
공장연구사

남조선 교육을 따로 받지 않지 않습니다. 다만 조선의 역사, 지리 등의 교육을 배우면서 많은 것을 느꼈습니다. 우리는 떨어져서는 살 수 없는 한 민족이라는 것, 반드시 꼭 통일을 해야 한다는 것을 느꼈습니다.

김진혁, 28

김일성종합대학
생명과학부
5학년

　우리는 북조선, 남조선 갈라서 따로 배우지 않습니다. 그리고 한꺼번에 조선에 대해서 배웁니다. 남조선은 반자본주의 식민지라고 생각합니다. 왜냐하면 남조선은 정치·경제·군사 등이 예속되어 있기 때문에 자주성이 없는 식민지라고 생각합니다.

김 향, 22

김일성종합대학
문학대학
6학년

　남조선 소식은 텔레비전이나 방송, 신문 등을 통해서 듣습니다. 종합적인 정세에 대해서 보도해 주고 사건적인 내용에 대해서도 보고 듣고 있습니다. 인민대학습당*에 가면 남조선 정세와 관련된 자료들이 많아서 편리하게 이용할 수 있습니다.

* 인민대학습당

  평양시 중구역에 위치한 인민대학습당은 북한
최대의 종합도서관이다. 1982년 4월 1일 개관하
였으며, 일반 대중을 대상으로 서비스를 제공하
고 있다. 연건축면적 10만㎡에 10층 규모의 조선
식 건물로 6,000석에 달하는 좌석을 가져 하루에
12,000여 명을 수용할 수 있으며, 장서보관 능력
은 3천만 권이다. 열람실, 강의실, 음악감상실 등
이 있다.

인민대학습당

4 남한 드라마나 미국 드라마를 본 적이 있나요?

리윤화, 26

어린이종합식료공장
노동자

　우리에게는 주체성과 민족성이 잘 드러나 있는 영화나 텔레비전 연속극이 있어서 사람들이 굳이 보려고 하지 않습니다. 그래서 저는 본 적이 없습니다.

안수련, 24

어린이종합식료공장
판매원

　특별히 찾아봐야 할 필요성을 느끼지 못합니다. 여러 가지 주제로 다양한 영화들이 많으니까 우리 영화로도 충분하다고 생각합니다.

리광영, 35

김일성종합대학
문학대학
5학년

　우리 문화와 잘 맞지 않습니다. 남조선 연속극들은 미국식 서방식 문화를 가지고 있고 조선적이고 민족적인 전통과 풍습이 말살되어 있지 않습니까. 우리한테는 주체적인 문화가 있기 때문에 굳이 볼 필요를 느끼지 못합니다.

남원호, 31

김일성종합대학
전자자동화학부
5학년

우리가 통제를 받는 것은 아닙니다. 그것이 우리의 감정과 잘 맞지 않아서 보지 않는 것뿐입니다.

강 훈, 28

김일성종합대학
컴퓨터과학대학
5학년

인민대학습당에 가 보게 되면 남조선뿐만 아니라 세계의 영화, 소식 등에 대해서 봉사 받을 수 있게 되어 있습니다.

라명남, 31

장천남새협동농장
문화회관관장

우리는 그런 것을 볼 필요를 느끼지 않습니다. 우리에게는 위대한 장군님께서 영화예술론을 발표하셔서 현명하게 이끌어 주시고 우리 주체문학예술이 훌륭히 구현된 〈민족과 운명〉, 〈방탄벽〉 등 좋은 연속극들이 많습니다. 볼 필요를 느끼지 않는다는 이야기를 말하자면, 남조선이나 미국 드라마 등이 우리의 생활양식과 감정에 잘 맞지 않는다는 이야기입니다.

5 남한에서 살고 싶다는 생각을 해 본 적이 있나요?

안수련, 24

어린이종합식료공장
판매원

통일이 되면 가 보고는 싶지만 살고 싶다고 생각한 적은 없습니다. 가장 중요한 것은 우리는 수령님을 모시고 있고 원수님께서 말씀하셨던 것처럼 인민을 귀중하게 여기는 우리 사회주의 사회를 버리고 갈 생각이 없습니다. 특히나 우리 민족이 아닌 남조선은 미국놈들이 들어와서 주인 행세를 하고 있고, 민족의 자주권과 존엄을 외세에 팔아먹는 역적패당들이 있기 때문에 살아 보고픈 생각은 없습니다.

6 남한에 대해서 어떻게 생각하나요?

리금별, 28
어린이종합식료공장
판매원

　속상할 때가 많습니다. 남조선에서 정치라는 게 자기의 자주성이 없이 하고 있고 박근혜 대통령이 우리 민족과 힘을 합쳐서 통일을 신경 쓰지 않고 해외에 나가서 북조선 제재하자는 등, 속상하고 어처구니가 없습니다. 한민족으로서 어떻게 그럴 수가 있습니까? 또 세월호 참사를 비롯해서 사건들이 일어나고 뉴스 등을 보면 '정말이지, 정부가 정말 인민들을 위해서 뛰고 있는가?' 이렇게 생각하지 않습니다. 우리는 라선시에서 큰물 피해 났을 때 원수님께서 흙길을 헤치고 가셔서 군인건설자를 만나 보시고 그러셨는데, 이런 부분과 대비해 볼 때 '이거 정말 우리와 다르구나!' 싶습니다. 남조선을 생각하면 미국한테 자기 할 소리도 못하고 국민을 위한 정치를 하는 것 같지도 않고 또한 위안부 문제도 제대로 해결하지도 않고, 정말 격분하고 속상할 때가 너무 많습니다.

조일혁, 28

어린이종합식료공장
공장연구사

　남조선에 대해서 이야기한다면 반만년 역사를 가지고 하나의 핏줄 아닙니까. 하나의 동포이고 조선 사람이 살고 있단 말입니다. 남조선 땅을 생각하면 가슴이 아픕니다. 미제의 군홧발에 짓밟히고 유린된 것을 생각하면, 총을 잡고 나가서 미국 놈을 때려눕히고 싶은 심정입니다.

김진혁, 28

김일성종합대학
생명과학부
5학년

　복잡다단하다고 생각합니다. 신문에 보니까 남조선과 미국이 여러 가지 군사적인 공세를 벌이고 있는데, 우리는 굳건합니다. 신문 보면 대체로 다 박근혜 정부가 조국 통일을 반대하는 내용인데, 좋지 않다고 생각합니다.

강 훈, 28

김일성종합대학
컴퓨터과학대학
5학년

　6·15시대에는 통일에 대한 갈망이 엄청났는데 이명박, 박근혜 정부가 들어서고 동족대결 시대로 들어서고 있고, 우리에 대한 악담질만 계속하고 있고, 국회에서는 싸움질만 하고 있고……. 말하자면 국가의 주권이나 자존심도 없는 것 같습니다.

김철국, 32

김책공업종합대학
공업경제관리학부
6학년

우리는 북남 관계의 발전을 위해서 여러 가지 노력을 해왔습니다. 그런데 남조선은 지금 한미연합전력을 증강하고 있는 상황이고 북침전쟁연습을 하는데, 이것은 시대착오적인 망상이라고 생각합니다. 북침전쟁연습에 매달릴 필요 없이 남조선 사람들과 북조선 사람들이 서로가 노력했으면 좋겠습니다.

김효성, 27

김책공업종합대학
자동화공학부
5학년

우리 위대한 대원수님들과 경애하는 김정은 원수님께서는 조국 통일을 평화적인 방법으로 해야 한다고 말씀하셨습니다. 전쟁을 해 봐야 어차피 피해 볼 것은 북조선, 남조선, 우리 민족 아닙니까. 우리는 조국의 평화적 통일을 위해서 할 수 있는 노력을 다해 왔습니다. 그러나 아직까지도 남조선 당국은 계속 우리 공화국을 반대하는 모략선전을 끊임없이 감행하고 있는데, 우리 조선반도의 정세를 악화시키고 긴장하게 하는 것은 남조선이라는 것입니다. 우리가 조국 통일을 한다면 이 세상에서 우리나라만큼 강대한 나라가 없을 것이라고 생각합니다. 하루 빨리 평화적인 방법으로 통일이 되었으면 좋겠습니다.

7 남한이 미국의 식민지이고 남한이 자주권이 없다고 생각하는 이유는 무엇인가요? (질문자 임의 추가)

강 훈, 28

김일성종합대학
컴퓨터과학대학
5학년

여러 가지로 설명할 수 있다고 봅니다. 국가라는 것이 정치, 경제, 군사 등 여러 방면으로 자주성이 있어야 국가 아닙니까. 대표적으로 군사에 대해서만 이야기해도 나라의 주권에서 군권이 가장 중요한데 남조선은 미국이 쥐고 있지 않습니까? 전시작전통제권이 남조선은 미국에 있으므로 국가적인 자주권이 없다고 생각합니다.

류은경, 20

김일성종합대학
컴퓨터과학대학
6학년

남조선에서는 청년들이 모든 것을 포기한다는 'N포 세대'라고 하지 않습니까? 언어만 보더라도 우리 조선말은 각이한 자연의 소리를 다 낼 수 있는 온 세상 사람들이 부러워하는 언어인데, 남조선은 영어 사대주의 아닙니까?

8 남한의 가로수길 같은 젊은이들의 명소는 어디인가요?

리금별, 28
어린이종합식료공장
판매원

시간이 있으면 주체사상탑 앞에 유보도 한번 가 보십시오. 사랑을 속삭이는 청춘 남녀 등이 많습니다. 그리고 모란봉*, 대성산, 능라인민유원지 등 당의 사랑 속에 깨끗하고 훌륭하게 꾸려진 유원지들이 많습니다. 또 인민대학습당 같은 곳에서 공부하면서 사랑이 맺어지는 경우도 많고, 만수대예술극장 분수공원이 있단 말입니다. 거기에도 청춘 남녀들이 많이 있습니다.

현송국, 31
어린이종합식료공장
공장임원

제가 결혼 생활 5년이란 말입니다. 총각 때 연애하면서 보통강 유보도에 많이 갔단 말입니다. 현재까지도 퇴근하면 처와 같이 만나 가지고 같이 가는 곳입니다.

김국석, 28

어린이종합식료공장
공장연구사

　우리나라에는 모란봉이나 유보도처럼 자연적인 명소들도 있지만, 미래 과학자거리 야경과 같이 아침과 저녁이 다르게 변모되는 조국의 현실을 볼 수 있는 곳도 있습니다.

* 모란봉

　모란봉은 평양에서 '수도의 정원'이라고도 불린
다. 공원의 전체적인 모양이 모란꽃같이 아름답다
해서 '모란봉'이라고 한다고 한다. 모란봉에는 을
밀대, 칠성문, 최승대, 부벽루 등의 역사 유적들
이 많이 있다. 제일 높은 곳은 최승대로서 높이는
95m이다. 모란봉 주변에는 김일성경기장, 개선
문, 모란봉극장, 청년공원, 야외극장, 모란각 등
이 있다.

모란봉

9 통일이 되면 가장 하고 싶은 일이 무엇인가요?

문혜정, 25

어린이종합식료공장
판매원

　우리 민족이 분열되어 있으면서 고통을 당하고 있지 않습니까? 온 겨레가 힘을 합쳐서 우리나라를 세상에서 가장 강한 국가로 만드는 헌신부터 하고 싶습니다. 그런 일이라면 아무것이나 다 괜찮습니다.

리금별, 28

어린이종합식료공장
판매원

　통일이 되면 하고 싶은 일이 너무 많으니까 갑자기 어떤 일을 하고 싶으냐고 물으시면 말이 안 나옵니다. 생각해 본다면 남조선의 역사 유적에도 가 보고 싶기도 하고, 남조선 청년들도 만나 보고 싶고, 남조선의 유명한 음식들도 먹고 싶습니다. 하지만 현재 갈라져 있는 상태에서 동질성보다는 이질성이 더 많이 있지 않습니까? 제일 하고 싶은 일은 서로 끊어졌던 혈맥을 잇는 사업을 하고 싶습니다. 남북조선 청년들이 다 같이 한 핏줄이다 생각하고 북조선 청년들의 정서세계를 보여 주고 싶습니다.

현송국, 31

어린이종합식료공장
공장임원

저는 백두산에서부터 한라산까지 '조국 통일 만세'를 부르면서 남조선 청년들과 함께 답사를 하고 싶습니다.

김신애, 23

장천남새협동농장
봉사원

통일이 되면 말입니다. 먼저 우리 민족이 북과 남으로 갈라져 있으면서 당한 고통과 아픔을 하루 빨리 가실 수 있게 북과 남의 청년들이 힘을 합쳐서 우리나라를 세계에서 부강하고 강대한 나라로 만들기 위한 모든 사업에 모든 것을 헌신하고 싶습니다. 그런 일이라면 아무 일이나 다 하고 싶습니다.

림용일, 31

장천남새협동농장
농장원

제 생각을 말씀드린다면, 저는 북과 남이 통일되면 북과 남의 청년들이 같이 손잡고 '통일 만세'를 부르면서 백두산에서부터 한라산까지 달리기를 하고 싶습니다. 이런 일을 통해서 마음도 합치고 정신도 맑게 할 수 있다고 생각합니다.

안철옥, 27

장천남새협동농장
봉사원

　저는 북과 남의 청년들이 우리의 손으로 분단 장벽을 하루 빨리 허물어 버리고 청년들이 힘을 합쳐서 세계에서 강대한 나라로 만드는 데 이바지하고 싶습니다. 그리고 지리산 같은 곳에도 가 보고 싶습니다.

류경일, 26

장천남새협동농장
회관직원

　저는 제주도에도 가 보고 싶고 또 남조선에서 국수를 먹는지, 김치도 먹는지 그다음에 우리가 먹는 김치와도 맛이 같은지 맛보고 싶습니다. 그리고 또 남조선 사람들이 해산물 탕을 먹는다고 하는데, 그것도 맛보고 싶습니다.

림용일, 31

장천남새협동농장
농장원

　저는 농사를 짓는 농장원으로서 통일이 된다고 한다면 남조선에 가서 그곳에 농장원들이 어떻게 농사를 짓는지 알고 싶고, 농사를 지으면서 이룩한 성과들을 서로 교환하면서 우리나라를 강력한 나라로 만드는 데 돕고 싶습니다.

통일이 되면 우리 인민이 분단의 고통의 상처를 말끔히 벗어나게 하고 조국을 부강하게 하는 애국 사업에 한 몸을 바치고 싶습니다. 그런 일이라면 아무 일이나 다 하고 싶습니다.

오현경, 21

김책공업종합대학
전자공학부
5학년

통일이 되면 우리 인민이 분단의 고통의 상처를 말끔히 벗어나게 하고 조국을 부강하게 하는 애국 사업에 한 몸을 바치고 싶습니다. 그런 일이라면 아무 일이나 다 하고 싶습니다.

장성룡, 19

김책공업종합대학
자동화공학부
3학년

분단장벽을 허물고 남조선의 학생들과 함께 조국을 끝에서부터 끝에까지 행진해 보는 것이 소원입니다.

유철준, 30

김책공업종합대학
공업경제관리학부
5학년

10 남한에서 가장 먹어 보고 싶은 음식은 무엇인가요?

현송국, 31

어린이종합식료공장
공장임원

저는 제주도에 가 보고 싶습니다. 우리나라 해산물이 풍부할 텐데 굴 · 해삼 · 전복 등 수산물을 먹어 보고 싶고 남조선의 김치, 국수 같은 것을 먹고 싶습니다.

리금별, 28

어린이종합식료공장
판매원

남조선의 불고기 같은 유명한 음식들이 우리와 정말 맛이 똑같은지 먹어 보고 싶습니다.

11 남한 소식 및 대외사정은 어떻게 아나요?

문혜정, 25

어린이종합식료공장
판매원

　신문이나 텔레비전 방송을 통해서 종합적 정세 보도가 나옵니다. 그리고 인민대학습당에 가면 남조선 및 다른 여러 나라의 신문이나 잡지 등을 이용할 수 있습니다.

라명남, 31

장천남새협동농장
문화회관관장

　중앙 텔레비전과 방송을 통해서 정상적으로 듣고 있습니다. 방송과 보도 등을 통해서 남조선 정세와 국제 정세와 관련된 내용을 상세히 전해 듣고 있습니다.

김철국, 32

김책공업종합대학
공업경제관리학부
6학년

　남조선 소식은 방송이나 신문보도 등을 통해서 봅니다. 방송이나 신문보도는 종합적인 정세뿐만 아니라 사건 등에 대해서도 상세하게 알려 줍니다. 만약 개별적으로 자료가 더 필요하면 인민대학습당에 신문, 잡지, 동영상까지 구비되어 있어 필요한 자료를 볼 수 있습니다.

12 유명한 남한 노래나 드라마가 있나요?

리금별, 28

어린이종합식료공장
판매원

　일단 남조선 것들이 우리의 생활문화 양식과 잘 맞지 않습니다. 그래서 잘 안 보니까 잘 모릅니다. 우리 것들 중에서도 좋은 것들이 많이 있기 때문에 볼 필요성을 느끼지 못합니다.

김설경, 24

장천남새협동농장
소조원

　노래라면 〈우리의 소원은 통일〉 같은 노래는 불리고 있단 말입니다. 그 외에는 우리의 사상 감정과 맞지 않습니다. 우리는 우리의 위대한 대원수님들과 경애하는 원수님을 칭송하는 노래를 주로 듣고 부릅니다.

장성룡, 19

김책공업종합대학
자동화공학부
3학년

우리는 남조선 영화나 연속극을 볼 필요를 느끼지 않습니다. 우리에게는 우리의 문화에 맞는 영화와 연속극이 수없이 많이 있습니다.

김효성, 27

김책공업종합대학
자동화공학부
5학년

사람들이 영화나 책과 같은 것들을 자신의 호감에 의해서 보지 않습니까? 그런데 남조선 영화나 이런 것들이 우리의 사회적 생활양식과는 맞지 않습니다. 그러나 그런 것을 보지 못하게 통제하지도 않습니다.

유철준, 30

김책공업종합대학
공업경제관리학부
5학년

저는 〈곡절 많은 운명〉이라는 영화를 개인적으로 좋아하는데, 이는 일제식민통치를 배경으로 하는 영화입니다. 그런데 그런 영화가 우리한테는 수없이 많습니다. 우리의 것도 다 보기 힘든데 다른 나라의 것을 볼 필요가 없기 때문에 우리는 우리의 것을 사랑합니다.

13 정말 남한과 전쟁을 하고 싶지 않고 평화 통일을 하고 싶어 하나요?

강옥희, 25
어린이종합식료공장
노동자

남조선은 같은 핏줄을 가진 한겨레라고 생각합니다. 현재 남조선에 우리 민족이 살고 있고 전쟁까지 일으켜서 동족상잔을 할 필요는 없습니다. 이번에 경애하는 원수님께서 7차 대회 때 '평화는 조국 통일의 필수 전제'라는 말씀도 하셨습니다. 실제로 우리가 평화적 통일을 위해서 할 수 있는 노력을 다해야겠습니다.

김설경, 24
장천남새협동농장
소조원

우리는 남조선과 전쟁을 하고 싶지 않습니다. 우리가 남조선과 전쟁을 한다는 것은 미국을 도와주는 일이라고만 생각될 뿐입니다. 우리가 한민족 한겨레인데 동족끼리 싸울 필요가 있습니까? 경애하는 김정은 원수님께서는 조선로동당 제7차 대회 중앙위원회 사업총화보고에서 우리는 조국의 평화

통일을 위하여 할 수 있는 모든 노력을 다해 왔다고 강조하셨습니다. 우리 경애하는 김정은 원수님께서도 말씀하셨지만, 우리가 조국을 꼭 평화적으로 통일해야 모든 것이 다 잘될 것이라고 봅니다.

김충근, 32
장천남새협동농장
작업반장

조국 통일은 꼭 평화적으로 해야 한다고 생각합니다. 그것은 북과 남이 서로 전쟁을 해 봐야 좋아하는 것은 미제와 그 추종세력일 뿐입니다. 우리는 군사적으로 말하면 군사강국의 지위에 올라가 있단 말입니다. 그 위력을 가지고 전쟁을 하면 전부 불바다가 될 것이고, 그러한 상황에서 이득을 보는 것은 바로 미국과 그 추종세력이라는 말입니다.

14 개성공단* 폐쇄에 대해서 어떻게 생각하나요?

문혜정, 25
어린이종합식료공장
판매원

　미국과 박근혜 정부는 우리의 수소탄 시험과 인공위성 발사에 대해서 유엔결의 위반이라고 하면서 제재 소동을 벌이고 있고, 하다못해 지난 2월 10일에는 개성공업지구를 폐쇄했습니다. 이것은 북남의 마지막 연줄을 끊는 역사적인 일이라고 생각합니다. 이렇게 정세를 최극단으로 몰아가는 행동들로 인해서 가장 비참한 대가를 치르게 될 것입니다. 개성공업지구는 남조선측의 요청에 따라서 우리가 군사적으로 예민한 지역을 통째로 내준 것입니다. 개성공업지구 폐쇄로 인해서 우리가 막대한 손해를 볼 것이라고 하는데, 돈 때문에 한 것이 아니라 민족이 단합하고 협력하면서 하자고 한 것이란 말입니다. 실질적으로 피해를 본 것은 남조선의 관련 기업들이라고 생각합니다. 가슴 아픈 것은 이러한 일로 인해서 북남 관계가 더 멀어진 것입니다.

리금별, 28

어린이종합식료공장
판매원

개성공단이 제가 중학교 다닐 때 6·15 공동선언 채택되고 생겼습니다. 제가 어린 나이지만은 '우리 민족이 통일을 위해서 한걸음 내딛고 화해하는구나!' 생각했습니다. 그런데 지금은 교류도 없고, 금강산도 없어지고 남은 것은 개성공단 하나였는데 폐쇄되었다고 하니까 정말 안타깝습니다. 그것마저 그렇게 되니 '이제 북남 관계가 더 어두워졌구나!' 생각합니다.

강 훈, 28

김일성종합대학
컴퓨터과학대학
5학년

6·15때부터 와서 지속되어 온 게 개성공단 하나 남은 것 아닙니까. 이번에 우리의 자의적인 수소탄 실험, 인공위성 발사를 유엔결의 위반이라고 걸고넘어지면서 박근혜 정부가 끝끝내 전면폐지하지 않았습니까? 개성공업지구는 군사적으로 예민한 지역인데 남측이 이익이 있고 또 원해서 내어 줬습니다. 정말 이명박 정부도 폐쇄하지는 않았는데, 박근혜 정부는 6·15의 마지막 명줄을 폐쇄시켰지 않습니까. 그리고 개성공단에서 나오는 이익으로 우리가 핵무기, 위성, 미사일로 다 들어간다고 이야기하는데, 실제로 많은 이익은 남조선 기

업들이 취했습니다. 또한 무엇보다도 돈이 중요한 것이 아니라 북과 남 사이의 마지막 협력의 상징을 막는 행위라고 생각합니다.

장성룡, 19
김책공업종합대학
자동화공학부
3학년

개성공업지구는 남측의 요구에 따라서 군사적으로 예민한 지역을 내준 것입니다. 그것은 북과 남의 단합의 상징이 되었지 않습니까. 그러나 개성공업지구를 폐쇄함으로써 6·15공동선언에 대한 전면부정을 하였고 북남 관계를 최극단으로 몰아갔다고 생각합니다.

최현화, 22
김책공업종합대학
정보과학기술대학
6학년

개성공단지역 폐쇄로 해서 우리나라가 손해를 보았다고 하는데, 우리는 경제적으로 이득을 보자고 한 것이 아니라 북과 남 사이에 서로 통일을 지향하고 연계를 맺기 위해 한 것입니다. 남조선 당국은 우리나라가 경제적으로 이득을 본다고 하는데, 실제로는 경제적으로 남조선의 기업들이 그동안 이득을 봤다고 생각합니다.

김서향, 20

김책공업종합대학
선박해양공학부
4학년

　박근혜 정부는 지난 2월 10일 북남 관계의 협력과 단합의 상징인 개성공업지구 폐쇄를 전면 선포하였습니다. 이것은 북남 관계의 마지막 명줄을 끊어 놓은 것이라고 생각합니다. 제가 가슴 아픈 것은 개성공업지구의 폐쇄로 인해서 북남 관계의 개선이 더욱더 악화되고 조국 통일의 앞날이 어두워진 것입니다.

* 개성공단

　개성공단은 최초의 남북합작 공단으로서 남북경제협력에 중요한 상징물과도 같다. 2000년 6·15 공동선언 이후 남북교류협력의 하나로 시작되어 2004년 12월 15일 공장이 가동되면서 제품 생산이 시작되었다. 2005년부터 2015년까지 11년간 누적 생산액이 32억 3,303만 달러에 달했고 2012년에는 개성공단에서 일하는 근로자가 5만여 명을 돌파하였다. 2013년에는 북한의 공단 근로자 철수로 6개월간 공장 가동이 중단되기도 했지만, 2015년에는 연간 생산액이 최초로 5억 달러를 돌파하기도 했다. 2016년 2월 10일, 박근혜 정부는 북한의 4차 핵실험과 장거리 미사일 발사에 대응해 개성공단의 가동을 전면중단하였다.

15 남한에서 가장 가 보고 싶은 곳은 어디 인가요?

리금별, 28
어린이종합식료공장
판매원

　조선에 3대 폭포가 있지 않습니까? 금강산의 구룡폭포, 개성의 박연 폭포, 설악산의 대승 폭포가 있는데 38도선이 가로막고 있으니 다 못 가 보고 있지 않습니까? 다 가 보고 싶습니다. 그리고 조선 봉건왕조 마지막 수도였던 서울의 경복궁, 창덕궁에도 가 보고 싶습니다. 그리고 이순신 장군이 싸웠던 바닷가에도 가 보고 싶습니다. 가 보고 싶은 곳이 어디 한두 곳이겠습니까? 빨리 통일이 되어서 다 가 보고 싶습니다.

안수련, 24
어린이종합식료공장
판매원

한라산 백록담에 가 보고 싶습니다.

김국석, 28

어린이종합식료공장
공장연구사

저는 등산하기를 좋아합니다. 북조선에 있는 명산들을 다 올라가 봤는데 남조선에 있는 한라산, 지리산, 설악산 등은 못 올라가 봐서 통일이 되면 꼭 한번 올라가 보고 싶습니다.

김철국, 32

김책공업종합대학
공업경제관리학부
6학년

제가 제일 먼저 찾아가 보고 싶은 곳이 제주도입니다. 그리고 제주도에 가서 전복, 해삼, 굴과 같은 해산물을 한번 먹어 보고 싶습니다. 그리고 우리 민족 음식인 김치, 국수, 토장국 등의 맛이 같은지도 먹어 보고 싶습니다.

장성룡, 19

김책공업종합대학
자동화공학부
3학년

우리나라는 삼천 리 금수강산이라고 하지 않습니까? 저는 조국이 통일되면 삼천 리 금수강산 방방곡곡 다녀 보고 싶습니다. 그리고 남해바다에서 나온 김으로 만든 김밥, 제주도의 감귤을 먹어 보고 싶습니다.

남조선에서는 국수를 즐겨 먹는지 모르겠지만, 국수를 한번 맛보고 싶습니다.

오현경, 21

김책공업종합대학
전자공학부
5학년

교육 · 학교
관련 질문

16 교육 과정이 어떻게 되나요?

북한의 의무교육제도

(기본적인 질문으로, 필자가 직접 작성했다.)

연도	의무교육제도 변경 상황
1950년	5년제 초등 의무교육 (6·25전쟁으로 중단)
1956년	4년제 초등 의무교육
1958년	7년제 중등 의무교육 (인민교육 4년 + 중학교 3년)
1967년	9년제 기술 의무교육 (인민교육 4년 + 중학교 5년)
1972년-2012년	11년제 전반적 의무교육 (유치원 1년 + 소학교 4년 + 중학교 6년)
2014년-	12년제 전반적 의무교육 (유치원 1년 + 소학교 5년 + 초급중학교 3년 + 고급중학교 3년)

북한은 현재 12년제 전반적 의무교육을 시행하고 있으며, 이와는 별도로 영재학교 및 외국어학교 등 특수학교도 운영되고 있다. 대학은 일반적으로 4년이며 대학의 교육과정은 학교와 전공별로 다르나 대체로 정치사상 교과, 일반 교과, 일반기초, 전공기초, 전공 등 다섯 가지 영역으로 구분되어 있다(2016 북한이해, 통일부).

17 대학 생활은 어떤가요?

최현화, 22

김책공업종합대학
정보과학기술대학
6학년

　우리 대학 생활은 참으로 즐겁고 의미 깊습니다. 우리들은 대학 생활 동안 학습뿐만이 아니라 사회 정치적인 활동도 병행합니다. 저도 려명거리 건설장에 가서 사회사업에 일조하면서 보내고 있습니다.

장성룡, 19

김책공업종합대학
자동화공학부
3학년

　대학 생활은 참으로 즐거운 시간입니다. 오전에는 선생님들의 강의를 듣고, 오후에는 사회 정치적인 활동도 실천하면서 보내기도 합니다.

김효성, 27

김책공업종합대학
자동화공학부
5학년

다른 동무들도 같지만 저의 경우에는 어려서부터 공학을 공부하는 것이 희망과 소원이었습니다. 저의 소원대로 자동화공학부에 입학했기 때문에 앞으로 우리나라의 모든 과학기술의 경애하는 원수님의 지도대로 이바지할 수 있어서 기쁩니다.

유철준, 30

김책공업종합대학
공업경제관리학부
5학년

우리는 대학 기간에 단순히 배우기만 하는 것이 아니고 실습을 통해서 산지식을 배웁니다. 학생들이 자신들이 배운 지식을 활용하고 현실화합니다. 생활에서 재미난 점이 있다면 오후에 휴식일, 명절일에는 동기간에 체육 활동도 하면서 명랑하게 보내고 있습니다.

18 휴식 시간에는 주로 무엇을 하나요?

김진혁, 28

김일성종합대학
생명과학부
5학년

　대학 생활은 지식의 탑이라고 생각합니다. 요즘 대학 생활은 공부만 하는 것이 아니고 사회 정치적인 활동도 하고, 방학 기간에는 공부는 물론이고 휴식도 하면서 보냅니다. 휴식 시간에는 다음 시간에 공부할 내용을 예습하거나 선생님이 물어볼 질문을 긴장해서 공부합니다.

김경일, 28

김일성종합대학
지구환경과학부
5학년

　과외시간을 이용해서 김일성 수영장*에 가기도 하고 전자도서관* 등을 활용하면서 체력도 단련하고 학습도 진행하면서 하루 일과를 의미 있게 보냅니다.

리광영, 35

김일성종합대학
문학대학
5학년

　저는 아침 출근길에 제일 기쁩니다. 수령님과 장군님의 노고를 생각하면 저절로 눈물이 납니다. 강의 시간에는 선생님들 강의에 귀를 기울이고, 강의가 끝난 뒤에는 동무들과 배운 것에 대해서 논쟁도 하면서 시간을 보냅니다. 또 수영장에 가서 체력단련도 합니다.

계명진, 30

김일성종합대학
생명과학부
5학년

　저는 전자도서관을 자주 찾아갑니다. 전자도서관은 위대한 김정일 대원수님께서 우리 종합대학 학생들을 위해서 최고급으로 꾸며 주신 현대적인 도서관입니다. 전자도서관에는 대부분 대원수님께서 배려해 주신 선물 설비로 되어 있습니다. 전자도서관에서 여러 가지 지식을 습득할 수 있어서 강의 후에 전자도서관에 즐겨 옵니다.

강 훈, 28

김일성종합대학
컴퓨터과학대학
5학년

　전 수영을 좋아한단 말입니다. 우리 대학의 수영장은 장군님께서 큰 마음먹고 주신 선물이란 말입니다. 강의가 끝나면 오후에 수영장에 가서 수영을 합니다.

남원호, 31

김일성종합대학
전자자동화학부
5학년

　오전에는 강의를 받고 오후 같은 경우에는 우리는 자동화학부니까 실정에 맞게 공장에 가서 강의에서 배운 내용을 현실에서 선생님과 함께 실습을 합니다. 실습을 하면서 전시회 같은 것을 준비하기도 합니다.

홍은아, 23

김책공업종합대학
정보과학기술대학
6학년

　학교에서 배운 내용을 복습도 하고, 아버지와 어머니를 도와서 집안일도 하고, 동무들과 함께 놀러 다니기도 합니다. 그리고 건설장 등에 가서 봉사활동도 합니다.

김효성, 27

김책공업종합대학
자동화공학부
5학년

　휴식일에는 집에서 부모님 일손도 도와주고, 한 주간 공부하면서 보충할 부분이 있으면 공부도 좀 합니다. 저는 배구와 탁구를 좋아해서 동무들과 같이 탁구 경기도 하고 배구 경기도 하면서 체력단련도 합니다.

오현경, 21

김책공업종합대학
전자공학부
5학년

　저의 경우에는 명절날, 휴식일에는 부모님들의 일손도 도와주고, 영화관에 가서 영화도 보고, 평양 여러 곳에 훌륭하게 꾸려진 휴식장에 가서 배구와 탁구 등 각종 체육 활동을 합니다.

* 김일성종합대학 수영관

2009년 10월 1일에 준공된 김일성종합대학 수영관은 연건축면적이 1만 4,370㎡이고 수영장을 비롯하여 미끄럼을 탈 수 있는 물놀이장이 구비되어 있다.

김일성종합대학 수영관

* 김일성종합대학 전자도서관

2010년 4월 14일에 준공된 김일성종합대학 전자도서관은 여러 개의 열람실과 정보봉사실, 컴퓨터교육실, 종합강의실 등이 최신식 전자설비로 갖춰진 도서관이다.

김일성종합대학 전자도서관 컴퓨터실

19 학생의 용돈은 얼마인가요?

장성룡, 19

김책공업종합대학
자동화공학부
3학년

　우리나라에서는 무료로 공부를 시켜 주고 학용품도 공급해 주기 때문에 용돈이 필요로 하지 않습니다. 대학생들의 경우에는 오히려 장학금을 받습니다.

김효성, 27

김책공업종합대학
자동화공학부
5학년

　학업을 제외하고 일상생활에서 옷이나 신발과 같은 경우는 부모님의 도움을 받습니다. 그러나 기본적으로 학생이 학업에 필요한 교복, 학용품, 점심 식사와 같은 것들은 국가에서 보장해 줍니다. 점심 식사의 경우에는 버터크림, 소고기 빵 등을 주기 때문에 그걸로 급식하기도 합니다.

유철준, 30

김책공업종합대학
공업경제관리학부
5학년

물론 탁구채와 같이 체육 활동에 필요한 것들은 시장에서 사야 합니다. 또한 동무들 생일에는 기념품을 사야 하는데, 그런 경우는 부모님들에게 용돈을 받아서 씁니다.

20 학교에서 수학여행으로 어디를 가나요?

강 훈, 28

김일성종합대학
컴퓨터과학대학
5학년

중학교, 대학교 때도 수학여행을 가고 있습니다. 백두산, 금강산, 묘향산, 칠보산 같은 명승지들 그리고 잘 알려진 공장기업소 등에 가기도 합니다. 그리고 동해안, 서해안을 갈라서 수학여행을 가고 있습니다.

계명진, 30

김일성종합대학
생명과학부
5학년

우리 학교에서는 학부 실정에 맞게 우리나라의 자연환경에 대해서 많은 지식을 배워야 하니까 바다 생태계, 묘향산, 칠보산 등을 갑니다. 그리고 대학 5학년이면 왕재산, 백두산 혁명 전적지 답사를 순국선열들을 생각하면서 한 달 동안 갑니다.

저는 중학교 시절에 송도원 국제소년단에 갔었고, 고급중학교에는 룡악산에 갔었습니다.

장성룡, 19

김책공업종합대학
자동화공학부
3학년

저는 고급중학교 시기 답사를 백두산, 금강산, 묘향산, 칠보산 등에 갔습니다. 우리나라의 자연 지리적 특성도 알게 되었고, 백두산에 갔을 때에는 우리의 수령님들의 혁명 역사에 대해서 잘 알게 되었습니다.

김효성, 27

김책공업종합대학
자동화공학부
5학년

21 진로 및 진학 문제를 누구와 상의하고 어떻게 해결해 나가나요?

남원호, 31

김일성종합대학
전자자동화학부
5학년

　　고급중학교를 졸업하고 대학에 갈 수도 있고 인민군대에 갈 수 있는데, 저 같은 경우에도 남자고 하니까 제가 스스로 결심을 많이 내린단 말입니다. 그래서 저는 고급중학교를 졸업하고 인민군에 입대해서 군사 복무를 하고 마지막에 종합대학에 들어왔습니다.

김경일, 28

김일성종합대학
지구환경과학부
5학년

　　고급중학교를 졸업하고 대학에 가기도 하고, 인민군대에 입대하기도 하고, 사회로 진출하기도 합니다. 이런 문제에 대해서 자기 운명은 자기가 개척하는 것이니 본인의 결심이 중요하고, 부모님과 선생님과 의논을 하기도 합니다.

김철국, 32

김책공업종학대학
공업경제관리학부
6학년

　　우리는 고급중학교를 졸업하면 모두가 다 인민군대나 사회 및 대학으로 갑니다. 제가 생각할 때에는 부모님들이나 선생님 혹은 동무들과 상의를 하기도 하지만 본인의 결심이 기본이라고 생각합니다. 우선 자기 자신의 운명은 자기 자신이 선택하고 결정하는 것이 맞다고 봅니다.

장성룡, 19

김책공업종학대학
자동화공학부
3학년

　　우리나라에서는 고급중학교를 졸업하면 자기의 희망과 포부에 따라서 대학에도 갈 수 있고, 인민군대에도 갈 수 있고, 사회에 나갈 수도 있습니다. 물론 대학에 오자면 대학입학시험을 쳐야 합니다. 저도 김책공업종합대학에 희망하여 시험을 쳐서 들어왔습니다.

홍은아, 23

김책공업종학대학
정보과학기술대학
6학년

　　그런 문제는 다 자기가 결정하는 문제라고 생각합니다. 물론 부모님들과 선생님들의 의견을 참고해서 할 수는 있겠지만, 이상적으로는 자기가 결정하는 문제라고 생각합니다.

황주희, 28

김책공업종합대학
정보과학기술대학
5학년

저는 중학교 기간에 프로그램 경연대회에 1등을 했습니다. 대학에 들어가서 컴퓨터와 관련한 공부를 하고 싶은 마음이 컸습니다. 그러나 첫째로 우리 조국을 지키는 것이 먼저라고 생각해서 군사 복무를 마친 다음에 대학입학시험을 봐서 지금 이렇게 공부하고 있습니다.

김서향, 20

김책공업종합대학
선박해양공학부
4학년

우리나라에서는 학생들이 고급중학교를 졸업하면서 자신의 희망과 포부에 따라 사회에도 진출할 수 있고, 군에도 가고, 대학에도 갑니다. 저의 경우에는 중학교 때부터 공부에 취미가 있었고 대학에 가고 싶은 포부가 있어서 대학에 오게 되었습니다.

김성범, 26

김책공업종합대학
정보과학기술대학
2학년

저도 중학교 시절 시대가 과학의 시대이니 만큼 정보기술에 관심이 있었지만, 우선 조국 보위가 우리는 최대의 애국이라고 생각한단 말입니다. 그래서 먼저 군사 복무를 한 다음에 대학에 가려고 생각했고, 희망대로 대학에 붙었습니다.

22 교복이 학교마다 다르나요?

김진혁, 28

김일성종합대학
생명과학부
5학년

교복은 우리나라 전체 대학이 다 같습니다. 교복은 같은데 김일성 종합대학 학생들은 휘장에서 차이가 있기 때문에 교복을 제가 입고 나가면 '저 친구는 종합대학 학생이로구나!' 하고 다 압니다.

류은경, 20

김일성종합대학
컴퓨터과학대학
6학년

중학교와 소학교는 다릅니다. 교복은 해마다 대학에 입학하는 학생들에게 무료로 공급이 되고 신발까지도 공급됩니다.

오현경, 21

김책공업종합대학
전자공학부
5학년

　우리나라에서는 소학교에서 대학에 이르기까지 교복을 나라에서 공급해주고 있습니다. 교복은 대학생이면 모든 대학교 학생들이 다 같습니다. 우리 교복에 대해서 말하자면 멀리서 보더라도 대학생임을 알 수 있을 정도로 정말 좋습니다. 중학생들도 학생들의 취미에 맞게 편리하게 만들어졌습니다.

황주희, 28

김책공업종합대학
정보과학기술대학
5학년

　우리 학생들은 소학교와 중학교 교복이 다릅니다. 교복의 색깔도 다르고 모양도 다릅니다.

등굣길하 아침 이 찍혀 의 편견

24 영어 교육은 어떻게 받나요?

강 훈, 28

김일성종합대학
컴퓨터과학대학
5학년

영어는 소학교 때부터 대학교 때까지 체계적으로 배웁니다. 대학에 입학하지 못한 사람들은 원격대학 같은 곳에서 외국어 교육을 받습니다. 제 경험에 의하면 중학교에서는 문법, 회화 교육 위주였고 대학에서는 청취, 회화 이런 방향으로 교육을 받습니다.

류은경, 20

김일성종합대학
컴퓨터과학대학
6학년

우리나라는 영어는 아주 어릴 때부터 정규교육을 하고 있습니다. 시각, 청각 등을 이용한 감각을 이용할 수 있게 동영상 자료 등으로 공부합니다. 동영상의 영어 이야기 등을 보면서 스크립트를 암송하기도 합니다. 전자도서관에 가면 각이한 나라의 외국어 자료들이 많이 있단 말입니다. 그런 것들을 다운로드 받아 보면서 직접 강의에 참가하는

심정으로 하기도 하고, 우리 중학교 때에는 원어
민이 파견 와서 강의를 하기도 했습니다.

장성룡, 19

김책공업종합대학
자동화공학부
3학년

　우리나라에서는 소학교에서부터 초급중학교, 고
급중학교, 대학에 이르기까지 체계적으로 외국어
교육을 합니다. 학교뿐만 아니라 인민대학습 등에
서 본인의 희망에 따라서 공부를 더 할 수도 있습니
다. 발전하는 세계과학기술을 알기 위해서는 영어
를 알아야 하고 우리 것으로 발전시킬 수 있다고 생
각합니다. 따라서 외국어 교육의 수준이 높습니다.

김효성, 27

김책공업종합대학
자동화공학부
5학년

　외국어는 대학생만 하는 것이 아니고 공장, 기업
소에 다니는 시민들부터 시작해서 자신의 희망과
포부에 따라 외국어 공부를 할 수 있습니다. 외국
어 공부는 인민대학습당이라든가 과학기술전당에
가서 본인의 필요에 따라 영어, 노어, 중어 등 취
미에 맞게 하고 있습니다.

유철준, 30

김책공업종합대학
공업경제관리학부
5학년

기본적으로 영어, 노어, 중어를 하고 희망에 따라서 다른 나라 언어를 할 수 있습니다. 위대한 김정일 원수님께서 자기 땅에 발을 붙이고 세계를 보라고 말씀해 주셨습니다. 우리보다 앞선 과학과 기술을 배우려면 외국을 알아야 그 사람들과 교류를 할 수 있지 않습니까? 그래서 외국어를 배웁니다.

25 점심시간에 급식을 먹나요? 도시락을 싸 가나요?

강 훈, 28

김일성종합대학
컴퓨터과학대학
5학년

공강 시간에 빵을 두 개 준단 말입니다. 점심에 빵 두 개만 있으면 든든합니다. 빵을 좋아하지 않는 사람은 가방에 넣어서 집으로 가져가고, 집에서 싸 온 것을 점심으로 하는 사람도 있습니다.

류은경, 20

김일성종합대학
컴퓨터과학대학
6학년

빵을 만드는데, 밀가루 원료를 굉장히 좋은 걸로 쓰는 것으로 알고 있습니다.

26 대학 입학시험을 치나요?

김 향, 22

김일성종합대학
문학대학
6학년

중학교 졸업반에서 실력이 높은 순서로 상급학교에 추천을 해 준단 말입니다. 그런 학생들이 모여서 대학 시험을 치고 점수가 높은 순서대로 기준을 정합니다.

김경일, 28

김일성종합대학
지구환경과학부
5학년

중학교에서 먼저 실력이 높은 순서대로 선발을 하고 우리가 도시군 단위로 되어 있기 때문에 구역 단위로 해서 선발 시험을 치고, 시급에서 또 치고 그다음에 최종적으로 종합대학에서 시험을 봅니다. 따라서 우리 시험제도가 아주 엄격하다고 볼 수 있습니다.

지금은 실력이 높은 학생들이 각 도에서 원격을 이용해서 선발 시험을 치고 컴퓨터가 채점을 해서 공정성 있게 하는 것으로 알고 있습니다.

류은경, 20

김일성종합대학
컴퓨터과학대학
6학년

27 사교육이 있나요?

김 향, 22

김일성종합대학
문학대학
6학년

　소학교, 중학교, 대학교에 이르기까지 교육체계가 세워져 있기 때문에 사교육을 특별히 하지는 않습니다. 만약 본인이 희망한다면 그 분야에 따라서 소조 활동을 하면서 지식을 습득할 수 있도록 되어 있습니다.

김경일, 28

김일성종합대학
지구환경과학부
5학년

　우리 대학에서는 우리 학부만 보더라도 전공 분야에 해당하는 교수선생들 및 박사 교원담당과 함께 교육 활동을 합니다.

계명진, 30

김일성종합대학
생명과학부
5학년

　제 경우에는 강의를 받고 오후에는 해당 강좌의
과목 선생님을 만나서 오늘 선생님의 강의를 듣는
데 이런 부분을 잘 모르겠다고 하면 개별적으로 다
시 설명을 해 줍니다.

강 훈, 28

김일성종합대학
컴퓨터과학대학
5학년

　우리나라에서는 유치원 때부터 특별한 소질이
있는 아이들을 선발합니다. 또한 아이들 조기교육
이 잘되어 있습니다. 소학교에 들어가게 되면 아
이들 과외활동이 있는데, 평양소년궁전이나 만경
대소년궁전*에 가서 자신의 희망에 따라서 무료로
배울 수 있습니다. 대학에서는 또 우리 교원선생
님들이 학생들을 몇 명씩 맡아서 개별 보충수업을
하고 그럽니다.

김효성, 27

김책공업종학대학
자동화공학부
5학년

　사교육이라는 것에서는 아직 들어 보진 못했습
니다. 우리나라는 12년제 의무교육아래 모든 사
람들이 자기의 희망과 포부대로 공부를 하고 있습
니다. 강의가 끝난 다음에는 체육을 좋아하는 사
람이 있을 수 있고, 예능을 좋아하는 사람이 있을

수 있고, 과학기술을 좋아하는 사람이 있을 수 있지 않습니까? 방과 후에는 자기가 원하는 분야에 가서 소조 활동을 할 수 있기 때문에 사교육이라는 것은 모르겠습니다.

유철준, 30

김책공업종합대학
공업경제관리학부
5학년

사교육이라는 말을 들어 보지 못했습니다. 학교를 끝나고 본인의 희망에 따라서 소조 활동을 통해서 자기가 필요한 교육을 받습니다. 무료로 소조 활동을 배우지, 사교육을 하지는 않습니다.

김철국, 32

김책공업종합대학
공업경제관리학부
6학년

제 경우만 놓고 보더라도 대학에 처음 왔을 때 어려운 부분이 있었습니다. 학습 내용에서도 이해가 되지 않은 부분이 많았습니다. 그런데 우리 담임선생님이 매일 와서 개별 공부를 시켜 줬단 말입니다.

* 만경대 학생소년궁전

만경대 학생소년궁전은 1989년에 준공된 평양시 만경대구역에 위치한 과외교육기관으로, 소학교와 중학교 학생들이 이용하고 하고 있다. 1만 2,000명을 수용할 수 있는 시설로, 하루 평균 5천여 명의 학생들이 방문하여 다양한 분야의 소조 활동을 하고 있다. 만경대 학생소년궁전은 평양학생소년궁전과 함께 다양한 분야에서 특출한 재능을 보이는 수재들을 양성하기 위한 특수교육 기관으로서의 기능도 하고 있다.

만경대 학생소년궁전에서 소조활동 하는 학생들 1, 2

만경대 학생소년궁전

29 공부를 열심히 하는 이유가 무엇인가요? 어떤 혜택이 있나요?

계명진, 30

김일성종합대학
생명과학부
5학년

저는 젊은 시절에 공부를 하는 것이 좋다고 생각합니다. '자기 땅에 발을 붙이고 눈은 세계를 보라'는 구호처럼 저는 많은 지식을 습득해서 세계의 추세에 맞게 우리나라를 부강하게 만들고 싶습니다. 우리가 바라는 것은 오직 김일성 종합대학에서 공부하도록 배려해 주신 원수님과 당의 배려에 이바지하는 것입니다. 대우나 혜택을 특별히 바라지도 않습니다.

류은경, 20

김일성종합대학
컴퓨터과학대학
6학년

공부를 특별하게 잘하면 김일성 종합대학 장학금이 있습니다.

30 컴퓨터로 주로 무슨 일을 하나요?

김진혁, 28

김일성종합대학
생명과학부
5학년

이제 모든 업무를 컴퓨터로 봅니다. 예전에 컴퓨터가 없을 때는 사전을 보는데도 시간이 오래 걸렸는데 이제는 컴퓨터를 이용해서 시간을 단축하고, 자료 열람도 하고 자기의 취미에 따라서 사진, 강의 등을 듣기도 하면서 학습에 많이 이용합니다. 물론 여가 시간에는 영화도 보고 게임도 합니다.

류은경, 20

김일성종합대학
컴퓨터과학대학
6학년

과학기술전당*이 세워졌는데, 과학기술전당에서 자기가 알고 싶은 모든 것에 대해서 전자 학습을 할 수 있습니다.

최현화, 22

김책공업종합대학
정보과학기술대학
6학년

저의 경우에는 학습에 많이 이용하고 있습니다. 컴퓨터 안에 저장된 교과서, 참고서 등을 보면서 참고할 수도 있고, 전공 분야에 맞는 프로그램을 짜기도 합니다. 또한 생활과 관련해서 많은 일들을 할 수 있습니다.

장성룡, 19

김책공업종합대학
자동화공학부
3학년

저의 경우도 공부에 많은 이용을 합니다. 자료 열람을 하거나 설계도나 프로그램을 작성하는 데 많이 이용합니다.

김철국, 32

김책공업종합대학
공업경제관리학부
6학년

저의 경우에는 학습도 하지만, 사진 편집을 주로 한단 말입니다. 즐겁게 찍은 사진을 가지고 와서 가공을 합니다. 그것을 또 편집도 하고 그렇게 합니다. 그리고 음악 감상도 하고 영화도 보고 그렇습니다.

* 과학기술전당

　평양 대동강 쑥섬에 위치한 과학기술전당은 2016년 1월 1일에 준공된 10만㎡가 넘는 면적의 원자구조 모양의 건물이다. 기초과학기술관, 과학탐구관, 첨단과학기술관, 어린이꿈관 등으로 구성되어 있고 과학기술정보를 다양한 방법으로 공부할 수 있도록 만들어졌다. 모든 방문객들은 각종 안내자료 및 시설을 통하여 종합적인 이용 안내를 받을 수 있고 식당, 상점 등 편의시설들이 구비되어 있다.

과학기술전당

31 휴대전화(손전화)로 주로 무슨 일을 하나요?

계명진, 30

김일성종합대학
생명과학부
5학년

　손전화는 용도 자체가 전화니까 전화를 주로 이용합니다. 저 같은 경우는 '아리랑' 전화기를 이용하는데 화질이 좋고 화면이 크다 보니까 컴퓨터 같은 경우는 가지고 다니기 불편한데 손전화는 교재나 정보 자료를 넣어서 다닐 수 있고 소설책도 읽고 다방면으로 이용합니다.

리유정, 22

김일성종합대학
전자자동화학부
6학년

　강의 시간에 선생님이 중요한 설명을 할 때는 녹음을 합니다.

강 훈, 28

김일성종합대학
컴퓨터과학대학
5학년

국가에서 손전화로 신문잡지 등을 봉사망에 띠워 주기 때문에 볼 수 있습니다. 그리고 영화도 볼 수 있고 날씨 등 다양한 정보들을 이용합니다.

김효성, 27

김책공업종합대학
자동화공학부
5학년

손전화로는 가족이나 친척들과 음성 통화를 많이 합니다. 그다음에 필요한 문서를 넣어서 공부를 하기도 하고, 유희오락도 하면서 다양하게 이용하고 있습니다.

김서향, 20

김책공업종합대학
선박해양공학부
4학년

저의 경우에도 손전화를 이용할 때 가족, 친척, 동무들과 연계하는 데 주로 씁니다. 그리고 필요한 문서나 자료를 넣어서 보기도 합니다. 또 사진 촬영도 하고 녹음기로 이용하기도 하고 자료 열람도 하면서 여러 가지 용도로 이용하고 있습니다.

김성범, 26

김책공업종합대학
정보과학기술대학
2학년

저는 손전화를 주로 학습하는 데 많이 이용합니다. 여기에 모든 사전 자료들이 들어 있고, 학습 자료들을 필요할 때 즉시 볼 수 있고, 동영상 자료들도 볼 수 있기 때문에 손전화로 다양한 것들을 이용합니다.

* 북한의 휴대전화

북한은 1984년 9월 8일 「합작 회사 운영법(합영법)」을 제정함으로써 외국의 자본과 기술이 들어올 수 있는 근거를 마련하였다. 그로부터 약 10년 뒤인 1995년, 북한의 조선체신회사는 태국의 록슬리 그룹의 자회사인 록슬리 퍼시픽(Loxley Pacific)과 함께 동북아 전화통신회사(NEAT&T, North East Asia Telephone and Telecommunication Company)를 설립하여 이동통신사업을 진행하였다. 당시 계약 규모는 자본금 2,800만 달러(태국 록슬리 퍼시픽 70%, 북한 조선체신회사 30%)로, 30년간 통신사업 독점권까지 있는 파격적인 계약이었다. 대한무역투자진흥공사(KOTRA)에 따르면 2000년에 이미 록슬리 퍼시픽은 1,400만 달러를 집행하였다.

그리고 1998년 7월 20일 나진 · 선봉(나선특별시) 지역에 최초로 휴대전화망 500회선이 설치되었다. 이 최초의 공식서비스는 2G 시스템의 이동통신서비스로 유럽식의 GSM(Global System for Mobile communications)을 택하였다. 현재 북한은 3G 이동통신서비스를 하고 있으며, 휴대전화 가입자 수는 약 300만여 명으로 추산되고 있다.

32   잠은 하루에 몇 시간씩 자나요?

류은경, 20

김일성종합대학
컴퓨터과학대학
6학년

사람이 충분한 활동을 하려면 잠을 충분히 자야 한다고 생각합니다. 저는 잠이 부족해서 하루 8시간 정도 잡니다. 물론 시험 기간 등에는 밤을 새우기도 하고 건설장에도 나가서 일하고 몸이 피곤하면 더 자기도 하고 그렇습니다.

김경일, 28

김일성종합대학
지구환경과학부
5학년

사람마다 수면 시간이 다릅니다만 저는 수면 시간이 길지는 않습니다. 저는 하루에 6시간만 자면 충분합니다. 저녁 식사가 끝난 다음에 프로그램 시청이나 컴퓨터를 이용하여 학습도 하면서 시간을 보냅니다.

강 훈, 28

김일성종합대학
컴퓨터과학대학
5학년

저는 새벽에는 빨리 일어나고 초저녁잠이 많단 말입니다. 아홉시 반이면 졸린단 말입니다. 요즘에는 건설장에 나갑니다.

리유정, 22

김일성종합대학
전자자동화학부
6학년

저는 저녁잠이 없고 새벽잠이 많습니다. 모든 강의가 컴퓨터 프로그램이니까 저녁에 과제하고 12시쯤에 자서 아침 5-6시에 일어납니다.

계명진, 30

김일성종합대학
생명과학부
5학년

저는 저녁에 일찍 자고 새벽 4-5시에 일어나서 운동도 하고 외국어 공부도 하면서 보냅니다.

저는 초저녁잠이 별로 없습니다. 집에 가서 부모님 일손을 도와주고 집안일 청소도 하고, 원수님들의 로작 같은 것을 읽고 그렇습니다.

김 향, 22

김일성종합대학
문학대학
6학년

저는 12시까지 책을 읽고 6시쯤에 일어납니다.

남원호, 31

김일성종합대학
전자자동화학부
5학년

사람마다 다 다르겠지만 저의 경우에서 보통 하루에 8시간씩 잡니다. 시험 기간이나 사적인 용무에 따라서는 더 일을 하고 잠을 줄이고 그렇게 합니다. 보통날에는 하루에 8시간씩 잡니다.

김효성, 27

김책공업종합대학
자동화공학부
5학년

34 가장 인기 있는 과목 및 학과는 무엇인가요?

류은경, 20

김일성종합대학
컴퓨터과학대학
6학년

우리나라 청년들에게 전자공학, 생물공학 등 공학 분야 그리고 역사 분야가 인기가 많습니다.

오현경, 21

김책공업종합대학
전자공학부
5학년

사람마다 좋아하는 것이 다르겠지만, 저의 경우에는 제가 좋아하는 전자공학이라든가 생물공학에 취미가 있습니다.

김서향, 20

김책공업종합대학
선박해양공학부
4학년

우리나라는 지리학적 특성으로 볼 때 세 면이 바다로 둘러싸여 있기 때문에 경제 발전에서 선박 공업이 중요하다고 보았습니다. 그래서 저는 중학교를 졸업해서 선박해양공학부를 선택하게 되었습니다.

35 학교가 남학교, 여학교 따로 되어 있나요? 아니면 합반인가요?

모두: 따로 있는 것은 없고 합반입니다.

등록금, 교과서 등은 어떻게 해결하나 요?

오현경, 21

김책공업종합대학
전자공학부
5학년

　우리는 대학에서 필요한 모든 학용품을 국가로부터 공급받고 있습니다. 대학생활에 필요한 학습장과 같은 모든 학용품들을 100% 국가가 보장해 주고 있습니다. 학습하는 데 필요한 참고서라든가 교과서는 도서관에서 대여를 하지, 개인적으로 사고 그런 것은 없습니다.

홍은아, 23

김책공업종합대학
정보과학기술대학
6학년

　우리 대학 도서관에 가면 카드를 발급해 주는데, 카드를 망에다 등록하고 교과서나 참고서를 이용합니다.

직업·연애·결혼
관련 질문

36 직업 선택은 자유로운가요?

리금별, 28

어린이종합식료공장
판매원

직업 선택은 자기가 하고 싶은 일을 합니다. 자기의 취미, 소질에 따라서 달라집니다. 저는 판매원인데 손님들과 교제하고 이야기하는 것을 좋아합니다. 손님들에게 친절하게 설명해 주고 손님들이 사 가면서 기뻐하면 저도 기뻐하는 데에서 만족을 찾습니다. 여기 있는 동무들 모두 다 자기 직업을 자기가 선택했습니다. 직업을 선택하는 데 있어 자기가 사회를 위해서 어떻게 이바지할 수 있는가, 그리고 자기 능력을 충분히 발휘할 수 있는가에 따라서 직업을 선택합니다.

김국석, 28

어린이종합식료공장
공장연구사

우리나라에서는 당과 국가에서 고급중학교를 졸업하고 일할 나이가 되면 자기의 희망과 포부에 맞게 의견을 존중해 줘서 적재적소에 배치해 줍니다.

라명남, 31

장천남새협동농장
문화회관관장

　　직업 선택은 자유롭습니다. 우리나라에서는 직업을 본인의 의사와 요구에 따라서 또는 재능과 소질에 따라서 하는 원칙이 있습니다. 저로 말하면 갈 곳은 많았지만 우리 장천원 농장이 위대한 수령님들과 경애하는 원수님의 뜨거운 발자취가 어려 있는 농장으로서 이 땅에서 가장 훌륭한 농장으로 꾸려 보고 싶은 마음에서 여기로 왔습니다.

안철옥, 27

장천남새협동농장
봉사원

　　저는 태어난 곳이 여기란 말입니다. 여기서 태어나서 긍지도 가지고 있고 수령님께서 열여섯 차례, 장군님께서 네 차례, 원수님께서 두 차례나 현지지도 하시면서 우리 농장을 세상에서 제일 잘살고 행복한 곳으로 만들어 주셨습니다. 그래서 원수님의 사랑에 보답하기 위해서 일하게 되었습니다.

37 직업군이 다양한가요? 직업을 바꿀 수 있나요?

현송국, 31
어린이종합식료공장
공장임원

　가능합니다. 직업 선택은 강요에 의해서 하는 게 아니고, 자기의 소망과 재능에 따라 합니다. 다만 우리나라에서는 개인의 이익보다 집단의 이익을 위하기 때문에 그런 측면을 많이 생각하면서 바꿉니다.

리금별, 28
어린이종합식료공장
판매원

　직업을 바꾼다 하면은 그 분야의 자격을 자기가 얻어야 하지 않습니까? 예를 들어 봉사 부문에서 교원이나 과학자와 같이 바꾼다 하면 바꾸지 못하는 것이고, 제가 만약 작가가 되고 싶다 하면 원격으로 김일성 종합대학 문학대학 같은 곳에서 문학 수업을 받을 수 있습니다. 우리가 매해 국가적 명절을 맞으면서 현상작품 모집을 한단 말입니다. 만약 내가 이걸 하고프다 하면 문학수업을 받고 작품을 내서 당선되고, 이렇게 해서 소질을 인정받고 자격을 받을 수 있단 말입니다. 따라서 본인의 열성과 노력에 달린 일입니다.

라명남, 31
장천남새협동농장
문화회관관장

직업은 다양하니까 자신이 소망하는 직업으로 바꿀 수도 있습니다. 만약에 직업을 바꾼다고 한다면 수속절차가 법적으로 되어 있습니다. 현장에서 일하다가 불구가 된다든가, 건강 상태가 악화된 경우 국가에서 의무적으로 생활할 수 있도록 사회보장을 해 줍니다. 그리고 본인이 음악 등에 특출한 소질이 있다고 하면 농장에서 일하다가도 국가의 집단으로 뽑혀 갈 수도 있고 직업을 다양하게 바꿀 수 있습니다.

38 수입(월급)과 한 달 생활비가 어떻게 되나요?

김국석, 28
어린이종합식료공장
공장연구사

지금 우리나라의 모든 가정들에서는 기본 지출되는 비용이 본인의 사업과 생활에 지출되는 비용인데, 세금제도가 완전히 폐지된 나라니까 세금에 지출되는 비용이 없단 말입니다. 자본주의 나라와 비교해서 말한다면, 교육비나 치료비가 많이 드는 걸로 알고 있는데 우리나라에서는 무상치료제, 무료교육제가 실시되고 공부를 잘하는 학생들에게는 장학금을 주면서 교육을 시킨단 말입니다. 대학생들은 일전 한 푼 대학에 내는 것 없이 공부를 합니다. 생활비라고 한다면 기껏 지출한다는 것은 취미생활과 관련된 부분입니다. 만약 배구를 좋아한다면 배구공이 필요하니 배구공을 사는 데 쓰고, 탁구를 좋아한다면 관련 용품을 사고, 저렴한 가격으로 봉사해 주는 곳에 쓰고 크게 생활비라고 생각하지 않는단 말입니다. 요즘 온 나라가 200일 전투로 들끓으니까 저는 취미생활을 많이 못하고 있는데, 한 공화국 돈으로 만 원 정도 씁니다.

현송국, 31

어린이종합식료공장
공장임원

저도 어렸을 적에는 국가가 주는 혜택이 무엇인지 몰랐습니다. 커서야 알았습니다. 우리 처가 아이를 낳을 때 평양산원에 들어갔단 말입니다. 들어가니까 치료비 같은 것도 없고 약제도 무상으로 주니, 그때 사회주의 제도에 대해서 알았습니다. 이렇게 우리는 국가로부터 저도 모르게 혜택을 받고 삽니다. 생활비에 대해서 말하자면, 자기가 먹고 살아가면서 쓸 수 있는 정도의 생활비는 받고 있습니다. 사람이 먹고 사는 데 필요한 인민소비품에 대해서는 국가에서 아주 저렴한 가격에 공급을 한단 말입니다. 실례로 우리는 쌀을 주식으로 먹는데, 배급표를 받고 아주 저렴한 가격에 산단 말입니다.

김충근, 32

장천남새협동농장
작업반장

우리 농장원들은 한 달 생활비로 계산하지 않고 일 년 현금 분배로 합니다. 일 년 동한 일해서 자기 수입에 기초해서 분배를 합니다. 많이 나오는 농장원들은 100만 원, 적게 받는 농장원들은 50만 원 정도 받습니다. 사회주의 분배원칙에 따라 분배합니다.

40 요즘 인기 있는 직업이 무엇인가요?

조일혁, 28

어린이종합식료공장
공장연구사

　교육자, 과학자, 기술자 등이 인기 있습니다. 저도 연구사입니다. 경애하는 원수님께서 우리 교육자, 과학자, 기술자를 사회적으로 내세워 주시고 온갖 사랑과 배려를 해 주신단 말입니다. 그리고 미래과학자거리*, 위성과학자거리 등을 세워 주셔서 청년들 사이에서 교육자, 과학자, 기술자가 되고 싶다는 것이 하나의 풍조로 되고 있습니다.

* 미래과학자거리

2015년 미래과학자거리가 준공되었다. 미래과학
자거리는 53층 높이의 아파트를 비롯하여 마천루
들이 즐비하게 이어진 초고층 주택단지이다. 수천
가구가 입주할 수 있는 미래과학자거리에는 19개
동의 고층 아파트 단지와 대형 마트, 상점, 식당
등 다양한 편의시설이 입점해 있다.

미래과학자거리

41 경쟁이라는 것이 있나요? 있다면 얼마나 치열한가요?

문혜정, 25

어린이종합식료공장
판매원

앞서기도 하고 따라가기도 하면서 경쟁을 많이 합니다. 사회주의라는 것은 집단주의인데, 이른바 모든 부분에서 발전을 이루기 위해 사회주의 경쟁을 합니다. 우리 공장에서도 생산 계획이라든지 좋은 일하기라든지 등의 측면에서 점수를 올릴 수 있게 사회주의 경쟁을 한단 말입니다. 경쟁에서 이기면 서로 축하해 주고 경험도 공유합니다.

김국석, 28

어린이종합식료공장
공장연구사

남조선처럼 경쟁을 합니다. 직장 안에서도 작업반에서 경쟁을 합니다. 그리고 모든 경쟁은 집단 전체의 발전과 나아가서는 나라를 부강하게 하는 경쟁이라는 말입니다. 원수님의 임무를 받고 하루 빨리 강성국가를 건설하기 위해서 한결같이 애국의 마음을 갖고 밤을 새워 가면서 생산계획에서 150%, 300%를 달성하기 위해서 치열한 경쟁을 한다고 볼 수 있습니다.

42 연애결혼을 하나요? 중매결혼을 하나요?

강옥희, 25

어린이종합식료공장
노동자

　저는 연애결혼도 할 수 있고 중매결혼도 할 수 있다고 생각합니다. 이왕이면 사업하고 생활하면서 공감을 할 수 있는 사람과 연애하면서 사는 것이 좋을 것 같다고 생각합니다.

현송국, 31

어린이종합식료공장
공장임원

　저는 연애결혼을 했습니다. 제가 대학 때 실습을 나갔을 때가 있었습니다. 그때 우리 처를 만났는데 생김새도 곱고 마음씨도 고왔습니다. 그래서 저도 모르게 제가 그 처녀를 따라다녔단 말입니다. 그래서 그 처녀의 퇴근시간이 되면 길목에서 지키면서 기다렸다가 한 석 달을 연애하고 '이제 이 동무가 내 것이로구나!' 생각할 때 부모에게 갔습니다. 아버지, 어머니 앞에서 처녀를 소개하고 허락을 받고 결혼을 했습니다. 제가 볼 때는 우리

공장에서는 연애결혼 비중이 60% 정도로 좀 더 많다고 생각합니다.

리효성, 25

장천남새협동농장
과학기술보급실
봉사원

　연애결혼을 하는 사람도 있고 중매결혼을 하는 사람도 있습니다. 대체로 보면 연애결혼을 기본으로 합니다. 같은 일터나 같은 마을에서 인연이 되어 결혼을 합니다.

김충근, 32

장천남새협동농장
작업반장

　저도 같은 농장원에서 같이 일하는 농장원과 연애결혼을 했습니다.

43 원하는 사람과 연애할 수 있나요? 배우자 선택에서 중요하다고 생각하는 조건은 무엇인가요?

강옥희, 25
어린이종합식료공장
노동자

얼굴을 맞대고 있으니까 인물도 있어야 합니다. 그리고 저는 남자다운 성격을 기본으로 봅니다. 예를 들면 갑자기 급한 일이 제기됐다 하면 한 몸으로 나설 수 있는 사람, 이런 사람을 좋아한단 말입니다. 한마디로 남자다운 사람이 좋습니다.

리금별, 28
어린이종합식료공장
판매원

저는 우선 집안 가풍이 좋고 남자가 이해력이 많은 사람, 사려 깊은 사람이어야 한다고 생각합니다. 제가 힘들어할 때 남자가 먼저 앞질러서 생각해서 배려해 주는 마음이 넓은 사람이 좋습니다.

저는 성격도 좋고, 열정도 있고 그런 남자가 좋습니다.

안수련, 24

어린이종합식료공장
판매원

제가 소심해서 그런지 모르겠는데, 저도 남자다운 성격이 좋습니다. 배짱이 있고 씩씩한 성격의 남자를 좋아합니다.

리윤화, 26

어린이종합식료공장
노동자

배우자를 선택한다면 첫째로 집안 가풍을 보고 싶습니다. 그리고 집안의 세대주이니까 대범하고 다정다감했으면 좋겠습니다.

리설향, 26

어린이종합식료공장
설계원

제가 성격이 조용하고, 말이 없고 하기 때문에 남자는 좀 재미나고 말도 잘했으면 좋겠습니다.

김 향, 25

어린이종합식료공장
노동자

문혜정, 25

어린이종합식료공장
판매원

저도 먼저 가풍을 봅니다. 그리고 성실하고 듬직한 남자가 좋습니다.

김국석, 28

어린이종합식료공장
공장연구사

저는 제가 키가 작아서인지 모르겠는데, 키가 큰 여자들이 매력적입니다. 예로부터 성격이나 그런 것은 같이 사는 과정에 서로 이해하면서 살 수 있어도 키는 잡아당길 수도 없는 노릇이지 않습니까. 그리고 이왕이면 여자 인물도 고와야 하고 성격도 좋았으면 좋겠습니다.

조일혁, 28

어린이종합식료공장
공장연구사

저는 수줍음을 잘 타고 내성적인 여자다운 여자가 좋습니다.

44   보통 몇 살 정도에 결혼을 하나요?

림용일, 31

장천남새협동농장
농장원

일반적으로 남자는 서른 살 이후로, 여자는 스물
여섯 살 이전 이후로 많이 합니다.

45 연애를 할 때 데이트는 어떻게 하나요?

리금별, 28
어린이종합식료공장
판매원

　사실 연애를 이야기하는 것이 우리 청년들한테는 부끄러운 부분입니다. 저는 감성적이라서 어떤 걸 감상하는 걸 좋아합니다. 영화도 같이 보고 공연 관람도 같이 가고, 싫다고 해도 미술전람회라든가 가서 무한정 감상한단 말입니다. 그리고 책 같은 것도 이야기하면서 문화정서적인 부분으로 교감을 합니다. 또 탁구도 같이 치고, 음식도 같이 먹으면서 여러 가지로 합니다.

김국석, 28
어린이종합식료공장
공장연구사

　저도 연애하는 친구가 하나 있는데, 나와 키가 비슷하단 말입니다. 키 큰 동무랑 같이 집에 가는 길에 미래과학자거리 등을 구경하면서 직장에서 무슨 일이 있었나 등을 이야기합니다. 연애라는 것은 서로 어려지는 것 같고 의지하게 되고 동심에 빠져들면서 소통하는 게 좋습니다.

림용일, 31

장천남새협동농장
농장원

연애라는 건 사업과 생활 및 일터에서 알게 된 남녀 총각 및 처녀가 작업 퇴근 후에나 산보식으로 한다고 생각합니다. 우리는 솔직히 농장원으로서 하루 일과가 끝나게 되면 하루에 다 못한 일들을 더 하게 되는 경우가 있고, 명절이나 휴식날 같은 경우에는 우리 원수님께서 새롭게 꾸려 주시고 개원해 주신 유원지 등을 찾아서 사랑을 속삭이는 것으로 알고 있습니다. 대동강 유보도, 능라유원지, 모란봉, 대성산 등 많이 있습니다.

김신애, 23

장천남새협동농장
봉사원

대체로 보면 청년들은 일터에서 남녀 간에 서로 도와주면서 만나게 되는 경우가 많습니다.

유철준, 30

김책공업종합대학
공업경제관리학부
5학년

우리는 학생 시절에 통제받거나 하지는 않지만, 연애를 하는 사람이 많지는 않습니다. 물론 하는 사람들도 있는데 제가 봤을 때는 모란봉, 유보도, 유원지 등 보통 같은 직장에 다니면서 출퇴근길에 같이 가면서 이야기하면서 연애를 하는 것으로 알고 있습니다.

46 결혼 절차는 어떻게 진행되나요?

김국석, 28
어린이종합식료공장
공장연구사

　우리 형이 지금 33살인데 결혼식을 했단 말입니다. 우리 형도 대학 때부터 같이 약속한 처녀가 있었습니다. 그리고 연애를 7-8년 하다가 부모들의 축복 속에서 결혼식을 했습니다. 우리 결혼식은 서양 결혼식과는 많이 다릅니다. 여성들이 조선 치마저고리를 입는데, 여기 있는 동무들도 조선 치마저고리 입으면 정말 멋있어질 겁니다. 우리는 결혼식을 하는데 민족적으로 합니다. 먼저 아침에 부모들한테 가서 인사드리고 친척, 동무들과 같이 만수대 동상에 가서 인사하고 꽃다발을 드립니다. 그리고 평양의 명소들을 돌아다니면서 서로 사진도 찍어 주고 꽃 뿌려 주고 축하도 해 주며 아주 의미 깊게 보냅니다. 먼 훗날에서 가서도 청춘 시절이 되살아날 수 있도록 역사에 남기게끔 결혼을 합니다. 그리고 평양에는 창전거리, 미래과학자거리 등에 잘 꾸려진 결혼식 식당이 많이 있는데 거기에 가서 부모들, 친척들, 동무들 다 모여 앉아서 축하도 해 주고 노래도 부르고 춤도 추면서 한 쌍의 새 가정을 축복해 줍니다.

우리 민족이 옛날부터 내려오는 풍습에 따라서 약혼식을 먼저 합니다. 약혼식에서 좋은날 잡아 가지고 결혼식을 합니다.

김충근, 32

장천남새협동농장
작업반장

저는 아직 결혼을 하지는 않았지만 결혼식을 구체적으로 본다면 결혼식 날 먼저 신랑이 신부네 집에 신부를 데리러가서 그다음에 경애하는 대원수님들을 모신 만수대 동상에 찾아갑니다. 거기 가서 꽃다발도 드리고 인사도 드린 다음 기념사진을 찍습니다. 그리고 명승지들을 찾아가면서 사진도 찍고 그렇게 합니다. 그다음에는 집이라든가 결혼식 식당에 가서 부모, 형제, 가족, 친척, 동무들과 함께 좋은 날을 즐깁니다. 보통 오후 6시 정도에 끝나고 사람마다 다릅니다.

김설경, 24

장천남새협동농장
소조원

47 결혼하면 아이를 몇이나 낳을 생각인가요? 또 아이가 어떤 세상에서 자랐으면 좋겠는지요?

리윤화, 26
어린이종합식료공장
노동자

저는 한 세 명 정도 생각합니다. 제가 혼자 외롭게 자라서 집안이 들끓었으면 좋겠습니다. 그리고 우리나라에서는 아이를 많이 낳으면 사회적으로 우대해 주고 각종 국가적 행사들에 내세워 줍니다. 또한 아이들이 세쌍둥이, 네쌍둥이 이렇게 되면 지방에 있다고 해도 국가에서 다양한 방법으로 배려를 해 줍니다. 제가 예술인도 되고프고, 작가도 되고프고, 과학자도 되고프고 그랬는데 저의 모든 희망을 자식들한테 주어서 미래에 훌륭한 과학자, 예술인으로 키우고 싶습니다.

문혜정, 25
어린이종합식료공장
판매원

저는 아들, 딸 다 키워 보고 싶습니다.

김충근, 32

장천남새협동농장
작업반장

저는 세 명을 낳고 싶습니다. 지금은 딸 한 명입니다. 앞으로 아들 둘을 낳고 싶습니다.

김영일, 30

장천남새협동농장
작업반

저도 장가갔는데 딸 하나 봤단 말입니다. 앞으로 세 명이 계획이고 남자로 낳아서 군인으로 키울 생각입니다.

김설경, 24

장천남새협동농장
소조원

사실 아이를 낳는 거야, 남자들이라기보다는 여자들이 기본이 아닙니까. 우리나라에서는 노래도 있듯이 꿈만 꾸면 다 풀리는 나라이기 때문에 자기가 아이를 낳고 싶으면 낳아서 키우고 싶은 대로 키울 수 있단 말입니다. 저는 어머니 조국을 더 잘 받들기 위해서 군인도 낳고 싶고, 과학자도 낳고 싶고 꿈은 많습니다. 한 세 명 정도 낳고 싶습니다.

리효성, 25

장천남새협동농장
과학기술보급실
봉사원

저는 세 번을 낳는다기보다 한 번에 세 명을 낳고 싶습니다. 우리나라는 삼태자를 낳으면 국가에서 직승기를 띄워서 산모를 병원에 평양산원에 실어다가 무사히 낳게 해 주고 키워 주고 한단 말입니다. 남자아이를 낳았을 때는 은장도를 주고 여자아이를 낳았을 때에는 금반지를 줍니다. 부모들에게도 아버지에게는 은장도를 주고 어머니에게는 금반지를 줍니다. 배려가 이렇게 크단 말입니다.

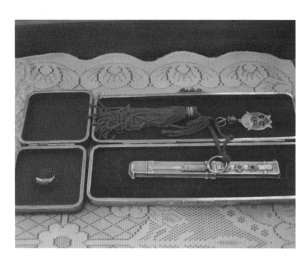

평양산원에 전시되여 있는 은장도와 금반지

48 이혼이나 재혼이 가능한가요?

안수련, 24

어린이종합식료공장
판매원

이혼, 재혼이 가능합니다. 살다 보면 자기와 맞지 않을 수 있으니까 이혼을 할 수는 있는데, 일단 한번 결혼을 하면 '검은 머리 파뿌리 되도록 살자'라는 말이 있지 않습니까? 그러니까 최대한 사회적 풍속으로 보면 그런 미덕을 많이 가지고 있으니까 이혼율이 낮습니다.

김영일, 30

장천남새협동농장
작업반

우리나라 풍습에 한 가정을 이루면 검은 머리가 파뿌리 되도록 오래도록 함께한다는 말이 있지 않습니까? 이혼이라는 것을 할 수는 있지만, 우리 사회에서는 수치스럽게 여긴단 말입니다. 재혼을 하는 것도 본인의 의사에 따라서 할 수는 있습니다.

49 성인이 되었을 때 독립을 하는 것에 대해 어떻게 생각하나요?

김국석, 28

어린이종합식료공장
공장연구사

우리나라에서는 성인이 되면 자기가 사회 성원으로서 조국과 인민을 위해서 일을 해야 하기 때문에 우리는 '독립'이라는 말을 특별히 쓰지 않습니다. 부모의 의향을 듣지만 자기의 운명은 자기가 개척해 나가야 하기 때문에 자립성을 키우고 자기의 희망과 포부에 따라 인생을 선택하게 됩니다. 상황에 따라서 부모와 사회의 도움을 받으면서 능력껏 자립성을 키워 나가게 됩니다.

김충근, 32

장천남새협동농장
작업반장

제 경우는 결혼식하고 따로 분가해서 나왔단 말입니다. 부모님들도 다 농장 마을에 계시고 같은 지역에 삽니다. 분가할 때는 간단한 짐만 가지고 나왔습니다. 우리 농장은 원수님 배려로 아무집이나 들어가도 다 꾸려져 있단 말입니다. 그래서 열쇠와 간단한 짐만 가지고 들어갔습니다. 일반적으로 75평방미터에 방 세 칸에 부엌, 세면장, 창고 등이 있습니다. 집에는 이불장, 소파 등 가구 및 텔레비전, 냉동기, 전화기 등 가전이 이미 꾸려져 있습니다. 물론 자식들이 부모를 모시고 사는 경우도 많습니다.

50 연상연하 커플에 대해서 어떻게 생각하나요?

김충근, 32

장천남새협동농장
작업반장

우리 농장에서는 없습니다. 여자가 위라는 것은 생각도 못해 봤습니다.

김신애, 23

장천남새협동농장
봉사원

저는 아직까지 연상연하와 같은 그런 결혼에 대해서 생각해 본 적은 없습니다. 다만 제가 결혼한다면 이상에 맞는 사람을 선택할 것입니다. 조국 땅과 경애하는 원수님을 높이 받들어 모시는 사람과 약속을 해서 한 가정을 이루고 싶습니다.

안철옥, 27

장천남새협동농장
봉사원

    우리 청년 시절은 값비싼 시절이라고 합니다. 우리 원수님께서 청년들을 내세워 주시고 사랑해주시고 계시기 때문에 청춘 시절에 조국과 인민을 위해서 그리고 원수님의 사랑에 더 많이 보답하고 결혼하고 싶습니다. 연하남에 대해서는 생각해 본 적이 없습니다.

라명남, 31

장천남새협동농장
문화회관관장

    우리는 사회적 · 도덕적으로 남자는 위이고 여자가 아래인 것을 당연하게 생각합니다. 연상연하는 사상 감정에 맞지 않습니다.

일반생활·문화
관련 질문

51 건강관리는 어떻게 하나요? 건강보험이 있나요?

조일혁, 28

어린이종합식료공장
공장연구사

우리나라에서는 무상치료제를 실시하고 있습니다. 따라서 태어나서부터 예방치료를 하고 있습니다. 국가에서 예방주사를 놔주고 직장에서는 직원들에게 건강검진을 해 줍니다. 생명보험이라는 게 있긴 하지만, 국가에서 보장해 주는 것이 많기 때문에 특별히 보험을 들어야겠다는 생각을 하지 않습니다.

현송국, 31

어린이종합식료공장
공장임원

그것 외에도 각 곳에 휴양소들이 많이 생겨서 그곳에 가서 휴식을 취하기도 하면서 건강을 챙깁니다.

리금별, 28

어린이종합식료공장
판매원

　만약에 병에 걸렸을 때에는 작은 병 같은 경우는
동네에 있는 진료소에 가고, 진료소에서 하기 힘
든 병의 경우는 병의 증세에 따라서 큰 병원으로
옮깁니다.

김서향, 20

김책공업종합대학
선박해양공학부
4학년

　우리나라는 무상치료제를 시행하고 있습니다.
우리나라는 어릴 때부터 검진카드를 받아서 담당
의사 선생님의 진단을 받습니다. 특히나 소학교,
중학교에는 예방 치료 대책이 잘 세워져 있습니
다. 또한 우리는 휴식일이나 명절날에는 체육경기
도 하면서 체력단련을 하고 있습니다.

김철국, 32

김책공업종합대학
공업경제관리학부
6학년

　우리나라는 무상치료제가 있어서 태어나서부터
모든 사람들이 접종카드를 가지고 있고 또 건강관
리부를 가지고 있습니다. 그래서 병에 걸리지 않
도록 돌봐 줍니다. 또한 곳곳에 꾸려진 체육시설
과 문화시설 등을 이용해서 수영도 하고 승마도 하
고 스키도 타고 하면서 자기 체력과 건강을 체계적
으로 증진시켜 나갈 수 있습니다.

홍은아, 23

김책공업종합대학
정보과학기술대학
6학년

우리나라는 건강상태를 정기적으로 검사하고 세계적으로 전염병이 돌 때에는 특별히 자주 건강을 검사합니다.

52 본인의 생활수준이 어떻다고 생각하나요?

김 향, 25

어린이종합식료공장
노동자

저는 제 생활수준에 만족하고 있습니다. 평범한 가정이라고 생각합니다.

안수련, 24

어린이종합식료공장
판매원

사람의 욕심이라는 게 끝이 없지만 대개 국가에서 보장해 주는 것이 많기 때문에 대체로 생활수준에 만족합니다. 물놀이장과 같은 여가 시간을 보내는 시설도 우리 원수님께서 세계적인 규모로 인민들에게 만들어 주셨기 때문에 우리들도 더 좋은 앞날을 바라보면서 만족하면서 살고 있습니다.

53 가장 인기 있는 화장품은 무엇인가요?

리금별, 28

어린이종합식료공장
판매원

　여성들이 많이 쓰는 금강산 화장품이 유명합니다. 예전에는 봄향기 화장품이 유명했는데 금강산 화장품으로 바뀌었습니다. 살결물, 기름크림 등을 주로 씁니다.

최현화, 22

김책공업종합대학
정보과학기술대학
6학년

　금강산 화장품이 인기가 많습니다. 금강산 화장품 중 개성인삼에서 추출한 화장품이 여성들의 살결에 좋습니다.

김서향, 20

김책공업종합대학
선박해양공학부
4학년

　　저도 금강산 화장품이 제일 인기 있다고 생각합니다. 금강산 화장품은 천연재료를 주성분으로 하기 때문에 부작용이 없습니다.

봄향기 화장품 세트

54 일반적인 가정생활에 대해서 알려 주세요.

장성룡, 19

김책공업종합대학
자동화공학부
3학년

가족은 할머니, 아버지, 어머니, 본인 이렇게 됩니다. 할머니는 소학교 교원이신데 저는 할머니를 무척 존경합니다. 어렸을 때부터 저를 극진히 돌봐 주셨습니다. 아버지는 김책공업종합대학 연구사이시고 어머니 평양학생소년궁전 교원이십니다. 명절일, 휴식일에는 가족들과 함께 모란봉에도 가고 하면서 화목하게 지냅니다.

최현화, 22

김책공업종합대학
정보과학기술대학
6학년

저희 가족은 아버지, 어머니, 여동생, 그리고 저까지 네 명입니다. 아버지는 화력발전소 노동자입니다. 그리고 어머니도 평범한 노동자이십니다. 평범한 노동자 자식인 저를 과학기술이 최고인 김책공업종합대학에 보내 주셨습니다. 저는 앞으로 보답하기 위해서 열심히 공부하고 있습니다. 당에서는 무상으로 집도 주셨습니다. 앞으로 좋은 인재로 자라날 것입니다.

김효성, 27
김책공업종합대학
자동화공학부
5학년

아침에 대학에 출근해서 강의를 받고, 점심에는 체육을 좋아하니 방과 후에는 체육소조에 가서 배구 경기를 합니다. 그리고 퇴근길에는 동무들과 같이 원수님의 배려에 의해서 꾸려진 대동강 맥주집 등에 가서 청량음료도 마시고 저녁에는 집에 가서 부모님 일손도 돕고 시험 기간에는 12시 정도까지 공부도 하고, 아침에는 6시 기상해서 10시 정도에 출근합니다. 저희 가족은 아버지, 어머니, 여동생 그리고 저입니다. 아버지는 연구사로 일하시고, 어머니께서는 고급중학교 교원이십니다. 그리고 제 여동생은 저하고 나이가 12년 정도 차이가 있는데 우리나라 최고 수재학교인 평양 제1중학교에서 공부하고 있습니다. 저는 수학에 취미가 있어서 올림피아드에 나가서 1등도 여러 번 했습니다. 경애하는 원수님께서 미래과학자거리에 방 4칸짜리 큰집을 무상으로 배려해 주셨습니다. 모든 가족이 모여 앉아서 기쁨의 눈물을 흘렸습니다. 저희 아버지는 맡은 일을 더 잘하고 어머니도 후대교육을 더 열심히 해서 경애하는 김정은 원수님의 사랑과 배려에 보답할 것입니다. 명절일이나 휴식일에는 려명거리 건설장에 나가서 돕는 등 애국에 한 몸을 바치고 있습니다.

55 생활 및 일과가 어떻게 되나요?

라명남, 31

장천남새협동농장
문화회관관장

우리 농장은 위대한 수령님과 경애하는 원수님의 현지지도 업적이 깃들어 있는 긍지 높은 농장입니다. 하루 일과를 보통 보면, 출근은 6시 30분 ~ 7시 사이에 해서 온실, 논밭 관리 등 각자 직업에 관련된 일을 합니다. 점심시간은 12시부터 3시로 되어 있습니다. 그리고 3시부터 7시까지가 오후 노동시간입니다. 우리는 사회주의에서 국가적으로 하루 8시간 노동제가 규정되어 있단 말입니다. 우리 청년들이 원수님의 사랑 속에 궁전 같은 집에서 살면서 배려에 보답하기 위해서 작업도 좀 더 합니다.

안철옥, 27

장천남새협동농장
봉사원

우리 장천원에서는 아침에 일찍 나와서 원수님 다녀가신 곳을 깨끗이 하고, 봉사원의 경우 손님들을 맞을 준비를 합니다. 저는 오후 시간에 농장원들이 아무 때나 와서 탁구를 비롯해서 물놀이를 할 수 있게 준비를 하는 봉사를 하고 있습니다.

56 가장 감명 깊게 본 영화는 무엇인가요?

안수련, 24
어린이종합식료공장
판매원

저는 〈민족과 운명〉이라는 영화를 가장 감명 깊게 봤습니다. 그 영화는 여러 가지 사건들이 많단 말입니다. 영화에 나오는 각이한 주인공들이 곡절도 많았지만, 영화에서 보여 주는 기본 바탕은 나라의 운명이 개인의 운명보다 먼저라는 의미를 가지고 있다는 말입니다. 그래서 그 영화를 가장 감명 깊게 보았습니다.

리윤화, 26
어린이종합식료공장
노동자

저는 〈도라지꽃〉을 가장 감명 깊게 보았습니다. '도라지꽃' 하게 되면 눈에 잘 띄지 않는 평범한 꽃입니다. 주인공의 정신세계를 보게 되면, 자기 고향땅을 꽃피우려는 고결하고 성실한 정신세계를 잘 보여 주고 있습니다. 그래서 저도 그 영화를 보면서 주인공과 저를 대비해 보면서 어린이 식료공장에서 제가 할 일은 무엇인지 찾아보는 것을 생각해 보았습니다.

김국석, 28

어린이종합식료공장
공장연구사

저는 〈자신에게 물어보라〉를 말하고 싶습니다. 이 영화가 보여 주는 것은 우리 청년들이 당과 조국의 사랑과 배려를 받고 그것을 보답하기 위해서는 무슨 일이든 직업의 귀천이 없이 우리 청년들이 설 자리가 어디인가를 보여 주는 것으로, 우리 청년들에게 희망과 포부를 주는 영화라서 좋았습니다.

안수련, 24

어린이종합식료공장
판매원

저는 〈민족과 운명〉을 가장 감명 깊게 보았습니다. 영화에 여러 가지 사건들이 많은데, 중요한 내용은 개인의 운명보다 나라의 운명이 먼저라는 내용입니다.

계명진, 30

김일성종합대학
생명과학부
5학년

저는 〈민족과 운명〉을 말씀드리고 싶습니다. 내 개인의 운명이 자기 혼자의 것이 아니,고 조국과 운명에 의해서 결정된다는 철학적인 내용의 영화입니다.

강 훈, 28

김일성종합대학
컴퓨터과학대학
5학년

제가 감명 깊게 본 영화는 〈도라지꽃〉입니다. 시대적 배경은 80년대에 나온 것으로 알고 있는데, 지금 시대에도 정말 맞는 영화라고 생각합니다. 영화 주제를 보면 도시나 다른 고장이 아니라 가난하고 못사는 농촌인데, 젊은이들이 자기 고향을 사랑하고 아끼면서 피땀 흘려서 일궈 나가는 영화입니다.

김충근, 32

장천남새협동농장
작업반장

제가 최근에 가장 감명 깊게 본 영화는 〈방탄벽〉이라는 영화입니다. 우리 혁명의 수뇌부를 목숨으로 지키기 위해서 청춘을 다 바쳐서 싸우는 내용입니다.

김설경, 24

장천남새협동농장
소조원

저는 텔레비전 연속극 〈붉은 봉선화〉를 가장 감명 깊게 보았습니다. 조국해방전쟁 시기를 배경으로 하는데, 주인공이 수령님 말만 따르면서 마지막까지 싸우는 모습을 보며 나도 그렇게 살아야겠다는 생각을 가지게 되었습니다.

라명남, 31

장천남새협동농장
문화회관관장

　제가 여태까지 소설이나 영화를 쭉 봐오면서 가
장 감명 깊게 본 것은 〈민족과 운명〉의 노동계급
편입니다. 내용적으로 본다면 수령님 품이 위대하
고, 우리 원수님 품이 위대해서 인민도 위대해지
고 나라도 강대해진다는 내용입니다. 저는 그 영
화를 죽을 때까지 잊지 못할 것 같습니다.

김효성, 27

김책공업종합대학
자동화공학부
5학년

　저는 〈석개울의 새봄〉을 가장 감명 깊게 보았습
니다. 전쟁 이후 폐허가 된 땅을 수령님께서 인민
들의 생활을 위해서 투쟁한 사랑적인 내용인데,
정말 감명 깊었습니다.

유철준, 30

김책공업종합대학
공업경제관리학부
5학년

　제가 감명 깊게 본 영화는 〈내 고향의 처녀들〉이
라는 영화입니다. 저는 아직 총각이라서 처녀, 총
각이 나오는 남녀 간의 사랑 이야기를 좋아하는
데, 그 영화의 주된 내용은 한 군인이 뜻하지 않은
사고를 당했는데 한 처녀가 숭고한 정신을 가지고
그를 사랑해서 결혼하게 되는 내용입니다. 제가 알

기로는 자본주의 사회에서는 불구가 된 사람에게 가는 처녀나 총각이 있는지 모르겠지만, 우리 조국은 위대한 수령님과 위대한 장군님, 경애하는 김정은 원수님의 배려 속에서 조국을 위해 일하다가 자기 생을 바치는 사람에게는 굉장히 높게 우대를 해준단 말입니다. 그런 부분이 감명 깊었습니다.

김성범, 26

김책공업종합대학
정보과학기술대학
2학년

저는 〈붉은 봉선화〉를 이야기하고자 합니다. 실화를 바탕으로 구성된 연속극인데, 최고 사령부를 지키는 정신세계를 보면서 감동도 되고 따라 배우고 싶다고 생각했습니다.

58 쇼핑은 어떻게 하나요?

강옥희, 25

어린이종합식료공장
노동자

물건을 살 때에는 상점들이 있단 말입니다. 위대한 장군님께서 생애 마지막으로 현지지도 하셨던 광복백화점 그리고 평양제1백화점 등 많습니다. 고기가 먹고 싶을 때는 구역마다 고기 상점이 잘 꾸려져 있고, 필요에 맞는 생활필수품을 사는 곳도 곳곳에 있습니다.

평양 상점 내부

59

친구들과 놀 곳이 많이 있나요? 보통 무엇을 하면서 휴일을 보내나요?

김국석, 28

어린이종합식료공장
공장연구사

휴식일이나 공휴일에는 보통 집안일을 합니다. 또한 친구들과 공원에 가서 체육경기를 하기도 합니다. 최근에는 200일 전투기간이라 려명 건설장에 가서 노력쟁취운동을 합니다.

강옥희, 25

어린이종합식료공장
노동자

책도 보고 영화도 감상하고 집안일을 합니다. 노래도 부르고, 모란봉 명절에는 춤도 춥니다. 하나 전자회사, 음악도서관 등에서 우리나라 훌륭한 노래를 감상하며 세계 명곡들도 듣습니다. 가족들과 함께 물놀이장을 가기도 하고 학습당에 가서 필요한 자료도 찾아보면서 문화생활을 합니다.

리설향, 26

어린이종합식료공장
설계원

집안일도 많이 하고, 책도 보고, 명절에는 모란봉에 가서 춤도 추고 그렇습니다. 저는 또 음악 감상을 좋아하는데, 음악도서관에 가서 우리나라 훌륭한 노래나 세계 명곡들을 감상합니다.

김 향, 22

김일성종합대학
문학대학
6학년

평양시만 해도 모란봉, 대성산, 능라도 등 갈 곳이 많습니다. 동무들과 함께 일요일이나 명절날에는 모란봉에 갑니다. 사람들이 많이 모여 있는데, 춤도 추고 노래도 부르면서 보냅니다. 원수님의 사랑과 배려에 의해서 꾸려진 미림승마구락부, 문수물놀이장 등도 좋은 곳입니다.

강 훈, 28

김일성종합대학
컴퓨터과학대학
5학년

계절마다 놀러 갈 수 있는 곳이 많습니다. 젊은 이들은 또 활동적이지 않습니까? 가족들끼리는 문수물놀이장에 가고 여름방학이면 송도해수욕장, 승마구락부 같은 데 가면 좋습니다. 겨울에는 마식령 스키장 같은 곳이 인기가 많습니다.

김신애, 23

장천남새협동농장
봉사원

　우리는 휴식일이나 명절날일 경우에는 집에서 쉬면서 부모님 일손도 도와드리고, 동무들과 함께 체육시설에 가서 운동놀이도하고 체육경기도 하면서 시간을 보내기도 합니다. 그리고 사회와 집단에서 좋은 일도 하면서 보내기도 합니다.

김설경, 24

장천남새협동농장
소조원

　우리나라에는 위대한 수령님과 위대한 대원수님들의 사랑 속에 훌륭하게 꾸려진 문화후생시설들이 많이 갖춰져 있습니다. 평양시에만도 보면 능라인민유원지, 문수물놀이장 등 정말 많이 갖추어져 있습니다. 따라서 휴식일에는 물놀이라든가 춤을 춘다든가 하면서 보냅니다.

김충근, 32

장천남새협동농장
작업반장

　저희는 휴식일에는 사회 정치 활동도 많이 합니다.

60 지금 북한에서 가장 핫(뜨거운 관심의 대상)한 게 무엇인가요?

김설경, 24

장천남새협동농장
소조원

　지금 우리 사회에서 제일 관심이라고 하는 것은 모두가 한결같은 소원이라고 봅니다. 우리는 모두가 다 자기 일터에 경애하는 원수님을 모시고 기념사진을 찍는 것입니다. 우리는 소원을 성취하기 위해서 자기가 맡은 일터에서 기적 같은 성과를 위하여 노력하고 있습니다.

라명남, 31

장천남새협동농장
문화회관관장

　현재 사회에서 제일 관심사로 본다고 말하자면 우리나라에서는 과학자, 교육자, 인텔리(지식인) 이 사람들이 제일 존경받는 대상이 되고 있습니다. 우리 지구관측위성이 하늘로 날아올랐고 원수님의 영도 아래 과학자들이 수많은 성과를 이룩하지 않았습니까? 원수님께서 과학자들을 위해서 미래과학자거리, 위성과학자거리 등 훌륭한 새집들을 다 꾸

려 주셨습니다. 말하자면 과학이 발전해야 나라의
경제가 발전하고 경제가 발전하고 세계의 강국의
수준에 올라설 수 있다는 기대와 관심에 우리 청년
들도 과학자, 교육자가 되려고 노력하고 있습니다.
저도 과학자가 되지 못한 것이 후회가 됩니다.

김신애, 23

장천남새협동농장
봉사원

　우리 청년들끼리 제일 관심 있게 이야기하는 것
은 '오늘은 또 원수님께서 어디를 또 현지지도 하
시는가?' 그리고 '우리 농장에도 또 오시지 않을
까?' 이런 생각으로 이야기하고 일하게 됩니다.

62 종교가 있나요?

리금별, 28
어린이종합식료공장
판매원

    우리나라에서는 신앙의 자유가 보장됩니다. 믿고 싶지 않으면 믿지 않습니다. 천도교, 불교, 기독교도 있고 각 종교의 연맹이 있어서 종교 활동을 보장합니다. 그러나 내 견해를 말한다면 종교는 허황된 것이라고 생각합니다. 자기 운명은 자기 힘으로 개척해야지, 신적 존재에 의지하는 것이 허황된 것이라고 생각합니다. 우리는 주체사상을 세계관으로 하고 있고 자기 자신의 운명은 자기가 개척한다는 생각을 가지고 있습니다.

김국석, 28
어린이종합식료공장
공장연구사

    우리는 당을 믿지, 있지도 않은 하느님은 믿지도 않습니다. 종교를 믿는 부모 아래에서 그 자식들이 믿는 경우는 있습니다.

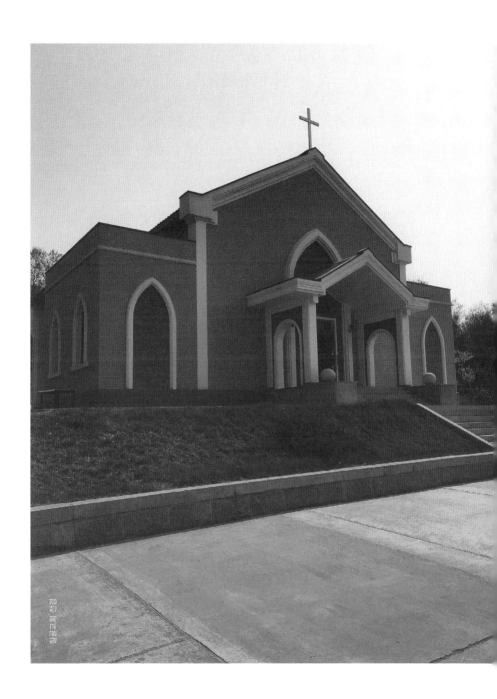

칠곡교회 전경

63

클럽(젊은이들이 음악을 듣고 술 마시고 춤추
는 곳)이 있나요?

노래를 부를 수 있는 식당은 있지만, 남조선의
클럽과 같은 문화를 가진 곳은 없습니다.

리금별, 28

어린이종합식료공장
판매원

64 취미 생활이 무엇인가요?

김 향, 25
어린이종합식료공장
노동자

저는 체육 운동과 음악 감상을 좋아합니다. 원수님 배려에 의해 평양시 각 곳에 각각 꾸려져 있는데, 제가 특히 체육을 좋아하기 때문에 배구나 탁구를 치면서 시간을 보냅니다.

안수련, 24
어린이종합식료공장
판매원

체육을 좋아합니다. 시간이 있으면 동무들과 체육운동센터에서 배구, 탁구 등을 합니다. 공장안에도 수영장이 있는데, 여가 시간에 수영도 하면서 즐깁니다.

리금별, 28
어린이종합식료공장
판매원

저는 전람회 구경을 좋아합니다. 어디에서 과학기술전람회, 미술전람회, 화초전시회 등을 하면 놓치지 않고 가서 구경합니다.

김충근, 32

장천남새협동농장
작업반장

저는 휴식일이 오면 작업반원들과 배구나 탁구 등 체육 경기하는 것을 좋아합니다.

림용일, 31

장천남새협동농장
농장원

저는 하루 일과가 끝나고 휴식일을 통해서 체육 활동, 예를 들면 축구나 배구를 합니다. 그리고 집에서 영화 관람을 합니다.

라명남, 31

장천남새협동농장
문화회관관장

저는 탁구 치는 것을 제일 좋아합니다. 과외 시간마다 동료들과 같이 탁구장에 가서 탁구를 치는 것을 제일 좋아합니다. 건강에도 좋고 말입니다.

리효성, 25

장천남새협동농장
과학기술보급실
봉사원

저는 컴퓨터를 다루는 봉사원이다 보니까 컴퓨터를 가지고 활용하는 수업을 듣고, 기술 자료들을 수집하고 열람하는 취미 생활을 합니다. 그리고 과학기술전당이나 인민대학습당의 새 자료를 가져다가 봉사하기도 합니다.

류경일, 26

장천남새협동농장
회관직원

저는 집에 들어가서 음악 감상도 하고 체육공원에 가서 배구도 하면서 휴식일을 보냅니다.

안철옥, 27

장천남새협동농장
봉사원

저는 음악 감상과 그림 그리기를 좋아합니다.

김신애, 23

장천남새협동농장
봉사원

저는 음악 감상을 제일 좋아하고 부수적으로 책 읽기도 좋아합니다. 최근 제일 좋아하는 음악은 〈불타는 소원〉, 〈철령 아래 사과꽃 바다〉와 같은 경애하는 원수님에 대한 노래들입니다. 저는 우리나라에 역사에 대한 고전소설 읽기를 주로 합니다. 역사에 대한 책으로 〈피 묻은 략패〉와 같은 서적을 좋아합니다.

저는 탁구를 가장 좋아합니다.

김영일, 30

장천남새협동농장
작업반

　저는 물놀이를 무척 좋아합니다. 저는 장천원 내
에 꾸려진 물놀이장에서 주로 시간을 보냅니다.

김설경, 24

장천남새협동농장
소조원

65 즐겨 보는 TV 프로그램이 있나요?

김국석, 28
어린이종합식료공장
공장연구사

저는 〈방탄벽〉을 재미있게 보고 있습니다. 신문에 보니까 세계 국제 정탐물 영화 축전에서 일등을 했다는 프로그램인데, 청년들뿐만이 아니라 다 같이 즐겨 보는 텔레비전 연속극입니다.

리금별, 28
어린이종합식료공장
판매원

〈붉은 봉산화〉나 〈석개울의 새봄〉을 우리 사람들이 좋아합니다. 〈석개울의 새봄〉은 전쟁이 끝난 다음 우리나라 농촌에서 개인농을 협동화하는 것을 주제로 한 작품인데, 인간관계도 복잡하고 계급투쟁적인 부분도 있고 정말 재미납니다. 그리고 〈백금산〉이라는 프로그램도 있는데, 우리나라에 마그네사이트가 많은데 수령님께서 이것을 '하얀 금산'이라고 해서 백금산이라고 부르는데, 여기서 청년들이 조국을 위해서 노력적인 위훈을 세우는 것을 주제로 하는 텔레비전 연속극입니다.

김영일, 30

장천남새협동농장
작업반

먼저 채널이라고 하면 우리는 '통로'라고 합니다. 중앙방송, 룡남산, 체육통로 채널을 주로 봅니다. 일단 중앙방송이 우리 기본 방송이고 일반적으로 오후 3시부터 밤 10시까지 방송을 하는데, 명절날 같은 경우에는 오전 8시부터 밤 10시까지 합니다. 룡남산 채널 같은 경우는 과학기술 관련된 프로그램들을 방송하고, 체육통로 채널 같은 경우는 최근 체육 열풍으로 사람들이 많이 보는데 체육 상식이라든가 세계적인 체육 소식들을 방송해 줍니다. 저 같은 경우에는 룡남산 채널을 주로 봅니다.

66 북한 사람들이 생각하는 북한의 명소는 어디인가요?

리금별, 28
어린이종합식료공장
판매원

백두산 지구, 금강산 지구, 묘향산 지구, 칠보산 지구, 개성을 추천합니다. 우리나라에는 명소들이 정말 많습니다.

안수련, 24
어린이종합식료공장
판매원

조선 민족 모두가 좋아하는 백두산 그리고 제가 산을 좋아하니까 금강산, 묘향산을 꼽겠습니다.

리설향, 26
어린이종합식료공장
설계원

미림승마구락부와 문수물놀이장을 추천합니다.

해수욕장, 마식령스키장을 추천합니다.

문혜정, 25

어린이종합식료공장
판매원

문수물놀이장

67 제일 추천해 주고 싶은 음식은 무엇인가요?

라명남, 31

장천남새협동농장
문화회관관장

저는 평양냉면이라고 생각합니다.

안철옥, 27

장천남새협동농장
봉사원

저는 김치라고 생각합니다. 김치는 세계적으로 건강식품의 하나로 분류된단 말입니다. 우리 조선의 김치는 세상에서 제일 좋은 음식이라고 생각합니다. 세계적으로도 아마 우리 조선김치라고 하면 모르는 사람이 없을 것입니다. 우리 장천원 농장에서 가꾼 남새를 수도 시민들에게 사철 신선한 남새를 공급해 주기 위해서 경애하는 원수님께서는 온갖 사랑을 다 주시고 온실을 건설해 주셨단 말입니다. 남새를 겨울에도 푸르고 싱싱한 남새로 김치도 하고 그렇게 해먹고 있습니다.

김신애, 23

장천남새협동농장
봉사원

　저는 우리 민족의 음식의 하나인 토장국을 추천해 주고 싶습니다. 토장국은 우리 민족이 예로부터 콩을 가지고 메주를 담가 장을 만들어 토장국을 먹었단 말입니다. 겨울 같은 때 감기가 오거나 몸이 허할 때 토장국을 끓여 먹으면 감기도 떨어집니다. 따라서 저는 토장국을 추천합니다.

68 문화생활의 종류에 대해서 알려 주세요.

김국석, 28

어린이종합식료공장
공장연구사

　　체육 활동이나 자기의 예술적 기량을 높이는 손
풍금, 피아노 등이 있습니다. 또 독서라든지 영화
감상 등이 있습니다.

69 가장 인기 있는 스포츠는 무엇인가요?

여러 명: 1등은 축구, 2등은 배구, 3등은 농구, 4등은 탁구입니다.

역기도 있습니다. 조선 사람의 기상을 보여 줄 수 있고 사람들의 관심이 높습니다.

안수련, 24
어린이종합식료공장
판매원

가장 인기 있는 체육 종목이라고 하면 대중적인 배구, 축구, 농구, 탁구 등 구기종목입니다. 경애하는 원수님의 사랑 속에서 유원지들이 많이 생겼습니다. 체육 열풍이 불어서 어디를 가나 청년들이 체육 경기를 하는 모습을 쉽게 볼 수 있을 것입니다.

김성범, 26
김책공업종합대학
정보과학기술대학
2학년

70 가장 인기 있는 가수는 누구인가요?

현송국, 31
어린이종합식료공장
공장임원

저는 황은미 가수라고 생각합니다. 황은미 가수의 노래를 부를 때마다 신심이 생기고 힘이 납니다.

김국석, 28
어린이종합식료공장
공장연구사

사람마다 다른데 저는 모란봉 악단의 류진아 가수라고 생각합니다. 류진아 가수가 〈전승의 축포여 말하라〉를 부를 때면 저도 모르게 전승의 축포가 떨어져 내리는 것 같고 그렇습니다. 그래서 저는 1번 가수로 류진아 가수를 추천합니다.

강 훈, 28
김일성종합대학
컴퓨터과학대학
5학년

만수대예술단의 김웅삼 가수를 좋아합니다. 김웅삼 가수가 부르는 〈우리 집사람〉 같은 노래는 남자들이 다 좋아합니다. 그리고 모란봉 악단의 류진아 가수가 있습니다. 소리 색깔이 매우 특이하고 인기가 많습니다. 그리고 또 국립교향악단의 황은미 가수입니다. 황은미 가수는 성량이 풍부하고 클래식 톤을 가지고 있어 노래를 아주 흥미 있게 잘 부릅니다.

라명남, 31

장천남새협동농장
문화회관관장

〈가리라 백두산으로〉를 부르는 류진아 가수라고 생각합니다. 류진아 가수가 부르는 노래는 매력이 있고 심장을 틀어잡는 것과 같은 그런 감정이란 말입니다.

김설경, 24

장천남새협동농장
소조원

저는 김웅삼 가수를 무척 추천해 주고 싶습니다. 그 가수는 〈세월이야 가보라지〉 이 노래를 불렀는데 매우 특색 있습니다. 정말 우리 원수님 품에서 세월이 백년이 지나고 가면 갈수록 점점 더 부강해지는 이 땅에서 행복하게 사는 우리 인민의 모습을 감명 깊게 형상해서 노래를 불렀습니다.

라운미 가수도 있습니다. 〈내 심장의 목소리〉, 〈조국찬가〉라는 노래로 우리 사람들의 인기를 독차지했습니다.

류경일, 26

장천남새협동농장
회관직원

제가 제일 좋아하는 가수는 황은미 가수입니다. 황은미 가수는 소리가 독특하고 음도 시원하게 잘합니다. 그 외에도 류진아 가수, 김응삼 가수 등 많습니다.

최현화, 22

김책공업종학대학
정보과학기술대학
6학년

제가 좋아하는 가수는 석란희 가수입니다. 노래를 정말 잘합니다.

홍은아, 23

김책공업종학대학
정보과학기술대학
6학년

71 가장 인기 있는 노래는 무엇인가요?

어린이식료공장 여러 명: 〈가리라 백두산으로〉, 〈불타는 소원〉, 〈내 심장의 목소리〉, 〈세상에 부럼 없어라〉 등이 있는데, 이 중에서 〈세상에 부럼 없어라〉와 같은 노래는 결혼식 날 마지막에 전체가 다 같이 부르는 노래입니다.

안철옥, 27

장천남새협동농장
봉사원

〈내 심장의 목소리〉는 우리가 흔히 즐겨 부르는 노래입니다. 원수님에 대한 노래, 동지애에 대한 노래, 조국에 대한 노래를 우리 사람들이 즐겨 부릅니다.

최현화, 22

김책공업종합대학
정보과학기술대학
6학년

참 많은데, 그중에서도 〈세상에 부럼 없어라〉가 인기가 많고 경애하는 김정은 원수님에 대한 〈불타는 소원〉도 많이 부릅니다.

72 일반적으로 식사할 때 무슨 반찬을 먹나요?

현송국, 31

어린이종합식료공장
공장임원

저는 김치, 감자, 조개젓 등을 좋아합니다.

김국석, 28

어린이종합식료공장
공장연구사

저는 생식을 좋아하다 보니까 낙지회, 문어회와 같이 회 계통을 많이 먹습니다. 그리고 토장국도 빼놓지 않습니다.

안철옥, 27

장천남새협동농장
봉사원

김치와 토장국은 빼놓지 않고 지금은 까나리 철이니까 까나리도 먹습니다. 그리고 햇감자, 돼지고기 이렇게 먹습니다.

김충근, 32

장천남새협동농장
작업반장

김치와 콩 음식을 많이 먹습니다. 제가 콩 음식과 고기를 좋아하니까 우리 처도 그 방면에서 주로 해 줍니다. 두부, 콩장, 비지 등을 좋아합니다.

김신애, 23

장천남새협동농장
봉사원

저는 고기를 좋아하는데 그중에서도 돼지고기를 제일 좋아한단 말입니다. 하루에 한 끼는 돼지고기를 먹고 콩 음식도 좋아해서 두부도 즐겨 먹습니다. 그리고 우리 식료공장에서 만든 오이장아찌를 좋아합니다.

라명남, 31

장천남새협동농장
문화회관관장

고기는 다 좋아하니까 특별히 좋아하는 것은 남새무침하고 장아찌 공장에서 나오는 고추장아찌를 제일 좋아합니다.

림용일, 31

장천남새협동농장
농장원

저는 요즘에 만두를 제일 좋아합니다.

73 가장 인기 있는 관광지는 어디인가요?

김국석, 28

어린이종합식료공장
공장연구사

　마식령 스키장, 해수욕장 등이 있는 금강산지구 그리고 원산지구 관광지 등이 인기 있는 관광지입니다. 그리고 평양시도 관광도시라고 할 수 있을 정도로 원수님의 배려 속에서 미림 승마구락부, 능라 곱등어관 등이 잘 꾸려져 있습니다. 제가 곱등어관에 가서 강사의 설명을 들어 보니까 자본주의 나라에서도 돈이 아주 많이 드는 관광이라고 하던데, 우리는 거저나 다름없는 입장료를 내고 들어갈 수 있으니까 나도 백만장자와 같다는 느낌이 들었습니다.

류경일, 26

장천남새협동농장
회관직원

　금강산, 백두산, 칠보산, 묘향산, 송도원, 마식령스키장, 능라물놀이장, 미림승마구락부, 모란봉 등 많습니다.

74 가장 인기 있는 술은 무엇인가요?

평양소주, 송악소주가 인기가 많고 맥주로는 대동강 맥주, 평양 맥주가 인기가 좋습니다.

현송국, 31
어린이종합식료공장
공장임원

김일성종합대학 청년들 모두: 평양소주와 대동강맥주가 인기가 많습니다.

평양소주하고 송악소주입니다.

김충근, 32
장천남새협동농장
작업반장

김효성, 27

김책공업종합대학
자동화공학부
5학년

우리나라에서 가장 인기 있는 술이라고 할 때 저는 평양소주라고 생각합니다. 평양소주는 위대한 대원수님께서 명주라고 하셨습니다.

유철준, 30

김책공업종합대학
공업경제관리학부
5학년

제 생각에는 개성고려인삼술입니다. 아주 약효도 높고 해외에 사시는 분들이 우리나라에 와서 제일 많이 사 가는 술이라고 합니다.

평양소주

75   가장 인기 있는 담배는 무엇인가요?

여러 명: 먼저 우리나라는 여자들은 담배를 피우지 않습니다. 남자들은 많이 피는데 금강산담배, 727담배, 여명담배, 고향담배 등이 유명합니다. 최근에는 담배가 해롭다는 내용의 텔레비전 편집물이 나오고 금연 운동을 많이 장려하고 있어서 금연하는 사람들이 굉장히 많아지고 있습니다.

계명진, 30

김일성종합대학
생명과학부
5학년

'727'이라는 담배가 있습니다. 727이라고 하면 1953년 7월 27일은 조국해방전쟁에서 승리한 전승절 기념의 담배입니다. 그리고 묘향산, 려명 등이 인기가 있습니다.

김충근, 32

장천남새협동농장
작업반장

려명, 금강산, 고향 이런 담배들을 많이 핍니다.

황주희, 28

김책공업종합대학
정보과학기술대학
5학년

제 생각에는 727이나 묘향, 려명 담배라고 생각
합니다.

평양의 담배진열대

76 평양냉면이 정말 맛있나요?

조일혁, 28

어린이종합식료공장
공장연구사

예로부터 평양냉면이 유명하지 않습니까? 평양
냉면이 유명하고 맛도 있습니다.

평양 랭면·옥

77 가장 즐겨 먹는 음식이 무엇인가요?

김 향, 25

어린이종합식료공장
노동자

우리 민족의 고유한 음식인 김치라고 생각합니다. 맛과 향이 독특하면서도 사람들이 모두 좋아하지 않습니까?

리금별, 28

어린이종합식료공장
판매원

녹두지짐, 토장국이 맛있습니다.

김일성종합대학 청년들: 김치, 토장국, 평양냉면, 신선로 등이 맛있는 음식입니다.

녹두지짐

78 간식은 무엇을 주로 먹나요?

여러 명: 금컵식료공장에서 나오는 과자, 사탕과자, 빵, 우유제품, 음료 계통, 사탕과자, 새우튀기과자, 과일, 초콜릿, 발효음료를 좋아합니다.

라명남, 31

장천남새협동농장
문화회관관장

식료공장에서 만드는 사탕, 과자, 빵 등을 먹습니다.

안철옥, 27

장천남새협동농장
봉사원

우리 식료공장에서 생산한 우유, 콩우유, 산유 등을 좋아합니다.

79 남남북녀라고 하는데 북조선에는 정말 미녀가 많나요?

김국석, 28
어린이종합식료공장
공장연구사

북조선 미인이 많습니다. 여기 앉아 있는 동무들도 제가 보기에는 다 미인입니다. 부산이나 인천 체육경기에 갔던 응원단들만 봐도 곱게 생긴 여자들이 많다는 것을 알 수 있습니다. 보충해서 말씀드리면, 본인의 눈으로 보는 게 좋을 것 같습니다. '겉보기가 속보기'라는 말도 있지마는 얼굴이 고운 처녀들을 남자들이 좋아하지만 마음씨가 고운 처녀들을 더 좋아합니다. 우리 조선 여성들이 수줍음이 많고 마음씨도 곱습니다. 조선 여성들이 외유내강라고 하지 않습니까. 실제로 조선에서는 체육경기도 금메달 따는 사람들은 여성들이고, 축구경기도 여성들이 1위이고, 여성들이 하는 일이 많습니다.

강 훈, 28

김일성종합대학
컴퓨터과학대학
5학년

예로부터 내려오는 '남남북녀'라는 말인데, 6·15 시대에 응원단보면 알 수 있지 않습니까? 우리나라에서는 북으로 올라가면 올라갈수록 여성들이 곱다고 하는데, 청진이나 양강도로 가면 더 곱다고 합니다.

80 집이 몇 평인가요?

현송국, 31

어린이종합식료공장
공장임원

　사람마다 다른데, 저 같은 경우는 처와 딸이 한
집에서 살고 있습니다. 우리 집은 50평방미터 정
도 됩니다.

81 평양시내 아파트(고층살림집) 집값이 얼마나 되나요?

김국석, 28

어린이종합식료공장
공장연구사

집값이라는 것을 우리는 특별히 알고 있지 않습니다. 우리 형이 김책공업대학 교원을 한단 말입니다. 형이 이번에 원수님의 배려로 미래과학자거리에 새집 150평방미터 방 다섯 칸짜리를 받았단 말입니다. 새집을 받고 장가도 금방 가고, 조국을 위해서 한 일보다 해야 할 일이 더 많은데 국가로부터 배려를 받는단 말입니다. 언젠가 기자들이 형 집에 와서 한 이야기를 들어 보니까 자본주의 나라에서 이 정도 집이면 20만-50만 달러를 한답니다. 근데 우리는 집은 물론이고 필요한 가구들 집기류들까지 다 갖춰져 있고 자기 옷이나 생활필수품 정도만 가지고 들어와서 살 수 있게 되었단 말입니다.

현송국, 31

어린이종합식료공장
공장임원

집을 돈으로 사고 이런 것은 없습니다. 국가에서 본인 이름으로 된 입사증을 주는데 그것을 받으면 끝이란 말입니다. 전기와 물 같은 경우는 세금이라기보다는 극히 적은 사용료를 냅니다.

84 가장 가지고 싶은 물건이 있다면 무엇인가요?

현송국, 31

어린이종합식료공장
공장임원

저는 최신 손전화기를 갖고 싶습니다.

강옥희, 25

어린이종합식료공장
노동자

저는 문화기재를 좋아했었는데 지금은 체육 관련한 소품들, 예를 들면 탁구채, 농구볼 좋은 것을 가지고 싶습니다.

리금별, 28

어린이종합식료공장
판매원

저는 피아노를 갖고 싶습니다.

요즘에는 다 판형컴퓨터를 들고 다니면서 강의도
듣고 하니까 판형컴퓨터가 가장 갖고 싶습니다.

안수련, 24

어린이종합식료공장
판매원

저도 탁구채 좋은 것을 갖고 싶습니다.

조일혁, 28

어린이종합식료공장
공장연구사

저는 아코디언을 갖고 싶습니다.

리설향, 26

어린이종합식료공장
설계원

저는 전자수첩을 갖고 싶습니다.

김 향, 25

어린이종합식료공장
노동자

문혜정, 25

어린이종합식료공장
판매원

저는 판형컴퓨터 좋은 것을 갖고 싶습니다.

김국석, 28

어린이종합식료공장
공장연구사

저도 탁구채, 농구볼 좋은 것을 가지고 싶습니다.

리광영, 35

김일성종합대학
문학대학
5학년

저는 성능 좋은 촬영기를 갖고 싶습니다.

남원호, 31

김일성종합대학
전자자동화학부
5학년

저는 성능 좋은 사진기를 갖고 싶습니다.

저는 성능 높은 손전화, 좋은 축구화를 갖고 싶습니다.

강 훈, 28

김일성종합대학
컴퓨터과학대학
5학년

저도 탁구를 좋아합니다. 좋은 탁구채를 갖고 싶습니다.

계명진, 30

김일성종합대학
생명과학부
5학년

저는 탁구를 좋아하다 보니까 좋은 탁구채를 갖고 싶습니다.

안향심, 20

김일성종합대학
철학부
5학년

류은경, 20

김일성종합대학
컴퓨터과학대학
6학년

컴퓨터대학이다 보니까 많은 일들을 컴퓨터로 해서 성능 높은 컴퓨터를 가지고 싶습니다.

리유정, 22

김일성종합대학
전자자동화학부
6학년

저는 좋은 운동복을 갖고 싶습니다.

김 향, 22

김일성종합대학
문학대학
6학년

저는 성능 좋은 손전화와 좋은 가방을 갖고 싶습니다.

김충근, 32

장천남새협동농장
작업반장

저는 손전화기가 한 대 가지고는 부족하기 때문에 사업에 이용할 수 있는 성능 좋은 손전화기가 있었으면 좋겠습니다.

림용일, 31

장천남새협동농장
농장원

저도 컴퓨터에 대해서는 잘 모르지만 앞으로 배우기 위해서라도 한 대 있었으면 좋겠습니다.

라명남, 31

장천남새협동농장
문화회관관장

저는 현재 원격대학에 입학에서 공부하는 이제 일학년 학생입니다. 저는 판형컴퓨터를 갖고 싶습니다.

리효성, 25

장천남새협동농장
과학기술보급실
봉사원

저는 관리하는 컴퓨터가 서른 대 정도 된단 말입니다. 제가 가지고 있는 컴퓨터보다 성능이 제일 높고 용량이 큰 컴퓨터가 하나 있으면 좋겠습니다.

류경일, 26

장천남새협동농장
회관직원

저는 화질이 좋은 사진기가 한 대 있었으면 좋겠습니다.

안철옥, 27

장천남새협동농장
봉사원

저는 음악을 즐겨 하니까 제일 좋은 피아노가 있었으면 좋겠습니다.

김신애, 23

장천남새협동농장
봉사원

저도 원격대학에서 공부를 하고 있습니다. 원격대학이라고 하면 자기 맡은 일을 다 끝내고 공부할 수 있는 대학이라는 말입니다. 본인의 여가 시간이나 휴식 시간에 공부를 할 수 있도록 개인용 컴퓨터가 있었으면 좋겠습니다.

김영일, 30

장천남새협동농장
작업반

저는 가정에서 모시고 있는 장군님의 초상화가 있지만 아직 기념사진을 못 찍었단 말입니다. 원수님을 모시고 기념사진을 찍을 수 있었으면 좋겠습니다.

저는 손전화가 있는데 용량이 적단 말입니다. 그래서 제가 좋아하는 음악을 다 담을 수가 없습니다. 용량이 좀 큰 손전화기가 있었으면 좋겠습니다.

김설경, 24

장천남새협동농장
소조원

저는 기타를 갖고 싶습니다.

유철준, 30

김책공업종합대학
공업경제관리학부
5학년

저는 육체단련기재를 갖고 싶습니다. 몸을 단련하는 것을 좋아한단 말입니다.

김성범, 26

김책공업종합대학
정보과학기술대학
2학년

저는 가야금이 갖고 싶습니다. 가야금은 민족 악기인데 가야금을 배워 보고 싶습니다.

오현경, 21

김책공업종합대학
전자공학부
5학년

저는 탁구채를 가지고 싶습니다. 저희 아버지가 탁구를 좋아하시고 잘 치는데 제가 탁구 연습을 잘 해서 아버지를 이기면 아주 훌륭한 탁구채를 드리고 싶습니다.

김효성, 27

김책공업종합대학
자동화공학부
5학년

저는 피리를 가지고 싶습니다.

최현화, 22

김책공업종합대학
정보과학기술대학
6학년

저는 성능 좋은 컴퓨터입니다.

김서향, 20

김책공업종합대학
선박해양공학부
4학년

85 애완동물을 기르나요?

리금별, 28

어린이종합식료공장
판매원

애완동물을 기르는 사람이 있습니다. 그런데 많이는 기르지 않습니다. 요즘에는 강아지가 좀 많습니다. 그리고 고양이, 비둘기를 기르는 사람도 많습니다. 그밖에도 앵무새나 물고기를 기르기도 합니다.

리광영, 35

김일성종합대학
문학대학
5학년

개나 고양이 같은 애완동물을 기르는데, 전반적인 것은 아닙니다.

김충근, 32

장천남새협동농장
작업반장

애완동물은 특별하게 좋아하지 않습니다.

김설경, 24

장천남새협동농장
소조원

집에서 기르는 사람들이 있기는 있습니다. 하지만 기르는 사람들이 많지는 않습니다. 우리는 애완동물에 별로 취미를 가지지 않기 때문입니다.

안철옥, 27

장천남새협동농장
봉사원

농촌에서는 애완동물을 기르기보다는 가축용으로 개, 돼지, 닭, 오리, 토끼, 비둘기 등을 기릅니다.

기타 질문

86 사회주의란 무엇인가요?

김 향, 22

김일성종합대학
문학대학
6학년

사회주의란 인민대중이 주인이 되는 사회입니다.

계명진, 30

김일성종합대학
생명과학부
5학년

주권을 인민대중이 국가의 주인이 되며 주인이 의사에 따라서 국가의 활동을 하는 것이 사회주의라고 합니다.

강 훈, 28

김일성종합대학
컴퓨터과학대학
5학년

사회주의라면 한 가족이라고 생각합니다. 한 가정 안에서 모든 사람들이 화목하게 형제같이 지내는 사회라고 생각합니다.

라명남, 31

장천남새협동농장
문화회관관장

제 생각을 말씀드린다면, 우리가 누리고 있는 혜택이 바로 사회주의라고 생각합니다. 우리 농장의 경우만 놓고 보더라도 우선 사람들이 새집을 받지 않습니까? 모든 것이 다 갖추어진 새집을 무상으로 열쇠만 받고 들어간단 말입니다. 그다음에 태어나서부터 무료교육제, 무상치료제 그런 혜택 속에서 돈 한 푼 들이지 않고 배우고 치료합니다. 착취하는 자와 착취받는 자 없이 모두가 평등한 자유를 가지고 자기 맡은 임무에 투진하고 사회주의 분배원칙에 따라서 자기가 일한 것만큼 분배받아서 자기 생활을 꾸려 나가고 휴식일 날, 명절날, 기념일 날에는 인민의 휴양지로 꾸려진 휴식처에 가서 즐길 수 있고, 이런 것이 바로 사회주의라고 생각합니다.

안철옥, 27

장천남새협동농장
봉사원

쉽게 말하면, 인민대중이 주인이 되고 인민대중의 창조력에 의해서 모든 것이 발전하고 인민대중의 자주성이 실현되는 것이 사회주의라고 생각합니다. 우리 사회주의는 세상에서 제일 우월하다고 생각합니다. 위대한 대원수님들과 경애하는 김정은 원수님께서 꽃피워 주신 사회주의는 세상에서 그 무엇과도 비교할 수 없고 다른 나라의 자본주의가 흉내 낼 수 없는 것이라고 생각합니다.

김신애, 23

장천남새협동농장
봉사원

생활에서 모든 것이 인민대중을 위해서 봉사되고 있단 말입니다. 집 혜택, 생활, 직업 선택 등 생활을 보면 다 인민대중을 위해서 복무합니다.

김서향, 20

김책공업종합대학
선박해양공학부
4학년

사회주의는 인민대중이 모든 것의 주인이고 모든 것이 사람을 위하여 복무하는 사회라고 생각합니다. 사회생활의 모든 분야에서 인민의 의사와 요구에 맞게 봉사합니다. 그리고 우리나라는 무상치료제, 의무교육제 등이 있습니다. 사회주의에서는 자본주의처럼 돈이 없으면 치료하거나 공부를 하지 못하는 경우가 생기지만 우리나라는 아닙니다.

김효성, 27

김책공업종합대학
자동화공학부
5학년

인민대중이 주인이고 모든 것이 인민대중을 위하여 복무하는 사회입니다. 우리나라에서는 '인민을 위하여 복무함'이라는 구호가 있습니다. 인민들이 사회의 주인으로서 빈부격차 없이 평등하게 자신의 권리와 자주권을 행사하면서 살아갑니다. 사회주의 사회에서는 인민들이 국가 발전의 주인이 되기 때문에 사람들이 돈이 없어서 겪는 생활이나 직업 문제가 없습니다.

87 태어나서 가장 행복했던 순간은 언제인 가요?

계명진, 30

김일성종합대학
생명과학부
5학년

저는 군사 복무하던 시절에 위대한 김정일 대원 수님을 모시고 기념촬영을 했습니다. 대원수님을 옆에서 지켜뵈었던 그 순간이 가장 행복했던 순간 이었습니다.

리광영, 35

김일성종합대학
문학대학
5학년

저는 조선로동당원이 되었을 때가 제일 기뻤습 니다.

남원호, 31

김일성종합대학
전자자동화학부
5학년

김일성 종합대학의 학생이 되었을 때가 가장 기 억에 남습니다.

강 훈, 28

김일성종합대학
컴퓨터과학대학
5학년

2000년 10월 12일에 경애하는 원수님께서 516경기장에 오셨을 때 꽃다발을 드렸는데, 그때 제 손목을 잡으면서 공부 잘하라고 격려했을 때 정말 행복했습니다.

류은경, 20

김일성종합대학
컴퓨터과학대학
6학년

평양제1중학교에 입학하고 김일성종합대학에 입학하고 공부를 열심히 해서 김일성장학금을 받았을 때 가장 행복했습니다.

라명남, 31

장천남새협동농장
문화회관관장

저의 경우를 말한다면, 군사 복무 시절 입대해서 1년 만에 위대한 장군님을 모시고 기념사진을 찍었단 말입니다. 그때가 인생에서 가장 행복했던 순간이었습니다.

김충근, 32

장천남새협동농장
작업반장

저에게 가장 행복했던 순간은 제가 농장에서 사회와 조국을 위해서 하는 건 없지만 경애하는 원수님의 사랑과 배려로 '김일성청년영예상'을 수여받았을 때였습니다. 앞으로 우리 농장에서 원수님 모시고 기념사진을 찍기 위한 날을 앞당기기 위해서 일을 하고 있습니다.

안철옥, 27

장천남새협동농장
봉사원

저는 고급중학교 학생 때 말입니다. 꿈에 장군님께 꽃다발을 드리는 꿈을 꾸었댔단 말입니다. 그런데 원수님께서 2014년, 2015년에 우리 농장에 내가 일하는 일터에 원수님을 모셨을 때가 제일 행복하고 기뻤습니다. 꿈이 현실로 꽃피어졌다고 생각했습니다.

류경일, 26

장천남새협동농장
회관직원

저는 원수님의 사랑 속에 궁궐 같은 새집을 받았을 때, 그때가 제일 행복했습니다.

김철국, 32

김책공업종합대학
공업경제관리학부
6학년

제가 가장 행복했던 순간이라고 한다면 조선노동당원 성원이 되었을 때입니다. 그때가 가장 행복했고 잊을 수 없는 순간이었습니다.

김효성, 27

김책공업종합대학
자동화공학부
5학년

경애하는 원수님을 모시고 기념촬영을 했을 때, 일생에서 잊을 수 없는 순간이었습니다.

유철준, 30

김책공업종합대학
공업경제관리학부
5학년

명예위병대 행사가 있었는데, 제가 장군님을 가까이 모시고 행사를 했었습니다. 우리는 하나의 대가정을 이루고 있기 때문에 경애하는 원수님 모시고 기쁨을 누리는 것을 가장 행복한 순간으로 생각합니다.

홍은아, 23

김책공업종합대학
정보과학기술대학
6학년

저는 김책공업종합대학 학생이 되었을 때, 그 입학했던 순간을 잊지 못할 것 같습니다.

88 자유롭게 가고 싶은 곳을 다닐 수 있나요?

계명진, 30

김일성종합대학
생명과학부
5학년

가고 싶은 데라고 한다면 지방에 친척이 있을 수 있고, 가족들과 휴양도 가고 싶은 데로 갈 수 있습니다.

안철옥, 27

장천남새협동농장
봉사원

당연히 갈 수 있습니다. 다른 나라에서는 아이들도 납치되고 그런 소리도 들리는데, 우리는 탁아소에서 세 살 난 아이들도 부모 걱정 없이 다닐 수 있습니다.

89 군 복무 기간이 어떻게 되나요?

김충근, 32

장천남새협동농장
작업반장

대체적으로 7년 ~ 8년입니다.

라명남, 31

장천남새협동농장
문화회관관장

　미국의 추종세력들이 우리나라를 경제 봉쇄하
고 있고 해마다 키리졸브 합동연습이라든가 하는
군사연습을 하고 있습니다. 우리나라는 인구가 적
은 나라이기 때문에 군사 복무 기간이 다른 나라보
다 상대적으로 깁니다. 저도 군사 복무를 7년간 했
는데 우리 청년들은 군사 복무를 가장 신성한 의무
로 여깁니다. 이런 혜택을 나눠 주는 사회주의, 세
상에서 제일 위대하신 분들을 모시고 우리 조국을
지키는 것이 얼마나 긍지스러운 일입니까. 이번에
광명성 4호 발사와 관련해서 이틀 만에 150여 만

명의 청년들이 인민군대 입대의사를 탄원하는 것
과 같이 우리는 조국을 지키는 것을 가장 신성한
의무로 이야기합니다.

기간이 조금씩 다른 이유는 병종에 따라서 다르
기 때문입니다.

류경일, 26

장천남새협동농장
회관직원

처녀로서도 배우자를 선택할 때 군사 복무한 남
자들을 선택하게 됩니다. 군사 복무한 사람들이
여러 방면에서 아는 것도 많고 모범적이라고 생각
합니다. 저도 앞으로 군사 복무한 남자를 선택하
려고 합니다.

안철옥, 27

장천남새협동농장
봉사원

90 이웃 간에 서로 감시를 하나요?

리금별, 28
어린이종합식료공장
판매원

아니, 이웃사촌이라고 하는데 이웃 간에 감시를 하면 갑갑해서 어떻게 살아갑니까? 남조선에는 이웃 간에 감시를 합니까? 아니, 감시를 받으면서 어떻게 삽니까? 우리 같은 경우에는 좋은 일이 생기면 같이 축하를 해 주고 특별히 맛있는 음식이 있으면 나누어 먹고 집에 어려운 일이 생기고 일감이 많으면 이웃에서 도와줍니다. 우리 조선 사람들이 예로부터 동방예의지국이라고 하지 않습니까? 이웃 간에 다 화목해야지, 이웃 간에 감시를 한다면 사람들끼리 명절날에 서로 좋은 기분에 겉으로는 웃으면서 서로는 감시를 하는 게 말이 되질 않지 않습니까.

강옥희, 25

어린이종합식료공장
노동자

『청년건강상식』이라는 책이 있습니다. '가정의
화목은 건강의 요인이다.' 이런 내용인데 세 번째
에 이웃 간에 화목해야 한다는 대목이 있습니다.
이웃 간에 왜 화목해야 하는가에 대한 내용을 보니
까 마음이 편안해야 사람이 건강할 수 있다는 것,
서로가 도움 속에서 살아야 한다는 것이라는 내용
이었습니다.

계명진, 30

김일성종합대학
생명과학부
5학년

우리나라에는 '이웃사촌'이라는 말이 있습니다.
이웃이 사촌들만큼 가깝다는 표현입니다. 따라서
같이 식사도 하면서 친하게 지내는데, 감시라는
표현은 합당하지 않습니다.

강 훈, 28

김일성종합대학
컴퓨터과학대학
5학년

우리도 이웃집과 굉장히 친하게 지내는데, 친척
들보다 더 가깝게 지냅니다. 집을 비울 때면 열쇠
를 옆집에 맡기고 갈 정도로 이웃들과 가깝습니다.

91 빈부격차에 대해서 어떻게 생각하나요?

리광영, 35

김일성종합대학
문학대학
5학년

　자본주의에서는 빈부격차가 반드시 생기는 문제인데, 우리 사회주의 사회에서는 하나가 전체를 위하고 전체는 하나를 위하는 것인데, 이웃 간, 동지 간에 서로 도와주고, 남에게 가슴 아픈 일이 생기면 발 벗고 나서서 도와주니, 빈부격차를 생각할 수 없습니다. 사회주의 자체가 인간이 평등한 생활을 누리는 것입니다.

계명진, 30

김일성종합대학
생명과학부
5학년

　지나다니다 보시면 알겠지만, 버스에 보면 '인민을 위하여 복무함'을 보셨을 것입니다. 국가가 인민들의 생활과 관련된 모든 것을 앞서서 공급해 주고 있습니다.

류은경, 20

김일성종합대학
컴퓨터과학대학
6학년

우리는 잘살아도 다 같이 잘살겠다는 생각을 가지고 있습니다. 원수님의 영도 따라 다 한마음입니다.

안철옥, 27

장천남새협동농장
봉사원

감시라기보다도 서로 이웃 간에는 도와줍니다. 쉽게 말하면 온 나라와 사회가 하나의 대가정이라는 말입니다. 무엇이 생기면 나누어 주고 아프거나 힘든 일이 생기면 도와주고 그렇습니다. 〈내 나라 제일로 좋아〉라는 노래도 있듯이 서로 돕고 이끄는 사회입니다.

류경일, 26

장천남새협동농장
회관직원

이웃사촌이라고 하지 않습니까? 같이 기뻐하고 같이 슬퍼하고 같이 나누어 먹고 그렇습니다.

92 자본주의를 어떻게 생각하나요?

김영일, 30

장천남새협동농장
작업반

자본주의 사회는 인민들의 자주성이 짓밟히고 특히 남조선 같은 경우는 반식민지 사회가 아닙니까? 그렇게 때문에 돈이 없으면 움직일 수 없는 사회가 자본주의 사회라고 합니다. 좋게 생각하지는 않습니다.

93 미국과 서방국가들에 대해서 어떻게 생각하나요?

리효성, 25

장천남새협동농장
과학기술보급실
봉사원

　미국에 대해서 말한다면, 우리는 북과 남으로 갈라져 있는데 조국 통일을 방해하는 세력이 미국이고 한마디로 미국이나 서방나라들에 대해서 좋은 생각을 못합니다. 우리에 대한 경제재제, 봉쇄 그리고 계속 못살게 한단 말입니다. 그러나 세계의 진보적 인민들과는 우호적인 관계입니다.

94

외부에서 북한을 보여 주는 영화, 뉴스 등의 모습과 정말 똑같나요? 이러한 것에 대해서 어떻게 생각하나요?

현송국, 31
어린이종합식료공장
공장임원

지금 미국과 서방국가들이 악의적인 편집을 통한 왜곡선전, 악선전을 벌이고 있는데 이것은 우리의 현실과 맞지 않습니다. 우리나라에서는 사람이 나라와 국가의 주인이란 말입니다. 남조선 청년들이 우리를 믿지 못하겠다고 하면 직접 와서 보았으면 좋겠습니다.

강 훈, 28
김일성종합대학
컴퓨터과학대학
5학년

한마디로 미국의 궁극적인 목적은 우리를 압살해서 붕괴시켜야 한다는 데 있지 않습니까. 우리를 '악의 축'이라고 하고 수십 년 동안 흑색선전을 하니 서방세계를 비롯한 다른 나라들이 인식을 잘못가지고 있다고 생각합니다. 몇 십 년 동안 잘못된 보도를 듣다 보니까 왜곡선전의 효과가 너무 커서 북에 와 보기 싫어하는데, 가능하면 우리 공화국에 직접 와 보면 우리 공화국 사람들이 친절하고 나쁜 보도와는 다르다는 것을 알게 될 것이라고 생각합니다.

96 북한의 핵실험에 대해서 어떻게 생각하나요?

유철준, 30

김책공업종합대학
공업경제관리학부
5학년

　우리의 핵실험, 수소탄실험 등은 국방력 강화를 위한 사업으로 자위적인 조치라고 생각합니다. 단적인 실례로 집안에 도적이나 강도가 터전을 노리고 들어올 때, 목숨을 지키고 살아남기 위해 행동하지 않습니까? 세계적으로 역사적으로 봐도 국력이 약하면 그 나라는 자주권도 지킬 수 없단 말입니다. 더욱이 우리는 사회주의 국가로서 미제와 같은 제국주의 나라들과 대결을 하고 있는데, 그놈들보다 우리가 힘이 약하면 자주권을 지킬 수가 없다는 것입니다. 우리의 핵실험은 남을 해치거나 먹기 위해서가 아니고 우리의 존엄을 지키기 위한 것입니다. 놈들이 이제라도 우리를 이용하고 책동시키지 않으면 우리는 그것을 발전시키지 않습니다. 그것은 우리가 바라는 것이 아닙니다.

김철국, 32

김책공업종합대학
공업경제관리학부
6학년

　우리의 핵실험과 수소탄실험은 조선반도에서 전쟁의 위험을 막고 민족의 자주권과 존엄을 추구하는 대행사라고 생각합니다. 왜냐하면 우리가 미제에게 전쟁의 위협을 받고 있기 때문입니다. 미제와 괴뢰패당이 지금이라도 핵 연습을 그만두지 않는다면, 우리는 무기들을 더 현대화해야 한다고 생각합니다.

97

북한에 사는 것이 다른 나라에 사는 것보다 장점이 있다면 무엇인가요?

라명남, 31

장천남새협동농장
문화회관관장

다 같은 생각일 겁니다. 우리는 세상에서 가장 위대하신 수령님들과 경애하는 원수님을 민족의 어버이로 모신 게 가장 큰 긍지고 행복이고 민족적 자부심입니다. 지구상에서 영토는 작은 편이지만, 세상에서 강대한 군사를 가지고 있고 주체사상을 신봉하는 나라들이 얼마나 많습니까? 자기 운명의 주인은 자기 자신이라는 것, 이런 나라에서 사는 민족적 긍지라는 것은 이루 말할 수 없습니다. 첨부해서 말하면 역사 발전에서 놓고 볼 때, 사회주의로 가기 위한 과도기로 되지 않습니까? 그러니까 우리 사회주의에서 사는 사람들이 자본주의를 좋아할 리가 없습니다.

98 북한 말고 다른 나라에서 살 수 있다면 어느 나라에서 살고 싶은가요?

김국석, 28
어린이종합식료공장
공장연구사

아직 그런 생각을 특별히 가져 보진 못했습니다. 제가 질문을 들으면서 '과연 내가 우리나라 말고 또 어디 가서 살 수 있겠는가?' 처음 생각해 보았습니다. 우리나라는 인민들이 주인이고 인민대중을 위한 사회입니다. 그런데 자본주의 사회에서는 돈이 없으면 살기 힘들고 세계적으로 봐도 인민대중 사회주의는 세계적으로 찾아보기 어렵단 말입니다. 우리나라밖에 없습니다. 따라서 저는 그런 생각을 가져 본 적이 없습니다. 다 정든 아버지, 어머니가 사는 이곳에서 화목하고 행복을 느끼며 살고 있습니다. 따라서 다른 나라에서 살 생각이 없습니다.

쿠바에 가서 인민들의 생활을 보고 싶습니다.

김충근, 32
장천남새협동농장
작업반장

림용일, 31

장천남새협동농장
농장원

저는 러시아에 한번 가 봤으면 합니다. 그곳에서 어떻게 농사를 짓는지 농사 방법과 같은 것을 배우고 싶습니다.

라명남, 31

장천남새협동농장
문화회관관장

저는 다 가 보고 싶습니다.

리효성, 25

장천남새협동농장
과학기술보급실
봉사원

저는 네덜란드에 가 보고 싶습니다. 네덜란드가 온실이나 화초 분야에서 많이 앞선 나라단 말입니다. 그래서 그 사람들이 어떻게 온실농사를 짓고 세계적으로 어떻게 앞서게 되었는지 배우고 싶습니다.

류경일, 26

장천남새협동농장
회관직원

저도 쿠바를 가 보고 싶습니다. 쿠바가 사회주의를 지향하기 때문입니다.

안철옥, 27

장천남새협동농장
봉사원

러시아의 모스크바, 그리고 중국에 우리 수령님께서 항일 무장투쟁을 하셨던 지역에 가 보고 싶습니다.

김신애, 23

장천남새협동농장
봉사원

저는 중국에 가 보고 싶습니다. 중국도 사회주의라고 하지 않습니까. 중국에 가서 국가가 얼마나 인민에게 복무하는지 모르겠지만, 그들의 생활을 보고 싶습니다.

김영일, 30

장천남새협동농장
작업반

저는 생각을 좀 달리해서 자본주의 나라에 가 보고 싶습니다. 자본주의 나라는 자주성이 짓밟히고 돈이 없으면 살아가지 못하는 나라니만큼 그들의 생활과 우리의 생활을 한번 대비해 보고 싶습니다.

김설경, 24

장천남새협동농장
소조원

저는 적대국인 미국에 가 보고 싶습니다. 미국은 자유를 부르짖는데, 그들은 도대체 어떻게 그 자유가 보장되는지 제 눈으로 직접 보고 싶습니다.

김효성, 27

김책공업종합대학
자동화공학부
5학년

저는 내가 살고 있는 우리 사회주의 제도가 세상에서 제일 좋기 때문에 다른 나라에 여행을 가 본다는 생각을 해 보지 못했습니다.

김성범, 26

김책공업종합대학
정보과학기술대학
2학년

우리는 사회주의에서 살고 있기 때문에 우리 땅을 떠나서는 살 수가 없을 것 같습니다. 어딜 가나 사람들이 화목하고 그래서 저는 다른 나라에 간다고 생각해 본 적이 없고 갈 생각도 없습니다.

오현경, 21

김책공업종합대학
전자공학부
5학년

저는 중국에 가 보고 싶습니다. 위대한 수령님의 혁명역사가 가장 많이 깃들어 있기 때문입니다. 그리고 중국 쪽에도 백두산이 있다고 하니, 그곳에도 가 보고 싶습니다.

유철준, 30

김책공업종합대학
공업경제관리학부
5학년

저는 세계적인 명소들을 다 가 보고 싶습니다. 물론 우리나라도 삼 천리 금수강산이라고 해서 경치가 멋있는데, 다른 나라도 우리나라만큼 경치가 멋있는가 한번 보고 싶습니다.

홍은아, 23

김책공업종합대학
정보과학기술대학
6학년

저는 기계 부문이 많이 발전한 유럽 특히 프랑스 같은 나라를 가서 배워 보고 싶습니다.

99 노후 준비는 어떻게 하나요?

김신애, 23

장천남새협동농장
봉사원

우리는 나이가 되면 연로보장을 받고, 일을 하지 못하게 되면 의식주 문제를 해결해 준단 말입니다. 나이가 들어 불가피하게 자식이 없거나 하면 양로원에서 생활할 수 있게 돌봐 줍니다. 경애하는 대원수님께서는 늙은이들을 우대해 주는 등 기풍을 세워 주시고 새롭게 양로원을 꾸려 주셨단 말입니다. 우리는 나이가 들어서 어떻게 살아야하는가에 대한 걱정은 하지 않습니다.

김설경, 24

장천남새협동농장
소조원

우리나라에는 연로보장제도가 있습니다. 우리나라에는 여성들은 55세, 남성들은 60세가 되면 연로보장제도에 따라서 연로보장을 받게 됩니다. 이때부터는 국가가 그들의 생활을 책임지고 돌봐 줍니다. 먹고, 입고, 쓰고 사는 모든 것을 해결해 준단 말입니다. 그래서 우리는 특별하게 자신의 노후 준비라는 것을 따로 하는 것이 없습니다.

100 남한 청년들에게 하고 싶은 말이 있다면요?

김서향, 20

김책공업종합대학
선박해양공학부
4학년

둘로 헤어져 살 수 없는 것이 우리 민족이라고 생각합니다. 대조선적대가 나쁘지, 남조선 민족은 함께해야 할 민족이라고 생각합니다. 우리 조국 평화와 통일을 위해서 힘차게 싸워 주기를 호소하고 싶습니다.

김철국, 32

김책공업종합대학
공업경제관리학부
6학년

저는 남조선 청년들이 허위선전에 귀를 기울이지 말고 우리나라에 직접 와서 현실을 보고 느끼고 올 수 없다면, 우리나라를 방문한 해외동포나 외국인들의 소감을 들어 보면서 모두가 노력했으면 좋겠습니다.

황주희, 28

김책공업종합대학
정보과학기술대학
5학년

우리는 하나 된 민족입니다. 우리 청년들이 할 수 있는 모든 것을 다해야 한다고 생각합니다.

장성룡, 19

김책공업종합대학
자동화공학부
3학년

우리는 하나의 단일민족입니다. 남조선의 청년들과 한 책상에서 같이 공부하고 싶습니다.

최현화, 22

김책공업종합대학
정보과학기술대학
6학년

우리 청년들이 모두 같이 결심하면 못하는 일이 없다고 생각한다. 남조선 청년들이 허위선전에 넘어가지 말고 현실에 대해서 똑바로 알고 조국 통일에 유익한 일을 했으면 좋겠습니다.

김효성, 27

김책공업종합대학
자동화공학부
5학년

우리 청년들은 사회의 선봉적인 돌격대라고 생각합니다. 남조선 청년들이 북조선에 대한 인식을 똑바로 가졌으면 좋겠습니다.

오현경, 21

김책공업종합대학
전자공학부
5학년

우리 민족의 염원이고 소원인 조국 통일을 위해서 남북 청년들이 힘껏 싸워야 한다고 생각합니다.

김성범, 26

김책공업종합대학
정보과학기술대학
2학년

청년들이라고 하면 무궁무진한 힘을 가지고 있다고 생각합니다. 남조선 청년들도 같이 손잡고 이 땅 위에 하나가 된, 세계가 부러워하는 나라를 세웠으면 좋겠습니다.

유철준, 30

김책공업종합대학
공업경제관리학부
5학년

우리는 한 동포로서 통일을 바라지 않는 사람이 없습니다. 통일을 위해서 투쟁하는 사람이 되자는 것입니다. 그 길에서 우리가 힘을 합치고 마음을 합쳐서 함께 투쟁했으면 좋겠습니다.

| 맺음말 |

결국에는 통일을 해야 하는 한민족

반세기가 넘어가고 있는 분단, 남과 북에 있어서 통일은 가장 중요한 국정 중 하나로 여겨졌다. 그러나 수십 년의 시간 동안 각계각층의 사람들이 통일을 위해서 일했을 때, 오늘날과 같은 모습이 될 것이라고는 누구도 예상하지 못했을 것이다. 이러한 상황 속에서 사회의 지식인들을 자처하는 학자와 언론인들을 포함해서 수많은 사람들이 수박 겉핥기식의 정보만으로 북한이라는 곳을 그 어디에도 존재하지 않는 사회로 만들어 나가고 있다.

남한과 북한은 서로에게 있어 각국의 안보와 협력의 대상으로 딜레마가 짙은 파트너이지만, 결국에는 통일을 해야 하는 한민족이기도 하다. 딜레마 사이에서 그 무게 추를 어디에 둘 것인지는 정치권력자들이 방향을 제시하고 국민들의 지지를 받으면 될 일이지만, 그 국민들에게 잘못된 내용을 일반화시키는 일은 혹세무민과 다를 바 없다. 그리고 국민들 스스로가 넘쳐나는 정보 속에서 양질의 정보를 가늠할 줄 아는 비판적인 사고를 가져야 한다.

물론 이 책이 완벽한 것은 아니다. 이 책은 퍼즐의 한 조각일 뿐이다. 본인은 이번 기회를 통해서 우리가 가장 궁금해하는 것들을 북한에 살고 있는 청년들의 입에서 직접 듣고 싶었다. 그리고 전달자로서의 역할에 충실했다. 앞으로 여건이 된다면 시리즈로 기획을 해서 각계각층의 목소리를 담을 수 있는 기회를 만들어 나갈 것이다. 부족한 점이 많은 책이지만 북한의 청년들이 가지고 있는 이 생각들이 우리가 통일을 하려면 마주해야 할 진짜 현실이라고 생각하며 글을 마친다.

최초의 통일 관련 크라우드 펀딩 소개

　우리의 소원인 통일, 통일에 대한 관심은 언젠가부터 자연스럽게 통일비용에 대한 논의를 일으켰다. '통일비용'이란 통일로 인해 부담해야 할 모든 경제·비경제적 비용을 말한다. 이 통일비용에 대해서 남한의 국회예산정책처는 45년간 매 10년 평균 2,300조 원이, 남한의 통일연구원은 통일 직후 20년간 3,440조 원이 필요하다고 말한다. 실제 독일의 경우, 서독이 20년 동안 3,000조 원의 비용 부담을 하였고 현재까지도 지속되고 있다. 통일비용은 일시적이고 통일편익은 훨씬 크고 영구적이라고 하지만, 2016년 남한의 한 해 예산이 386조 원임을 상기시켜 볼 때 수천조에 해당하는 비용은 제대로 준비하지 않는다면 엄청난 재앙으로 다가올 수 있다.

　이러한 상황에서 남한에서는 각종 통일 기금들이 생겨나기 시작했지만, 여전히 많은 사람들의 관심 밖에 놓여 있다. 주체 측의 모금홍보만 있었을 뿐 구체화된 계획이 없고, 후원자들은 자신이 후원한 금액이 언제 어디에 쓰일지 모르기 때문에 자연스럽게 관심도와 참여도가 줄어들게 된 것이다.

여기 대안이 하나 있다. 'iUNIFICATION'이라는 최초의 통일 관련 크라우드 펀딩 플랫폼이다. 'i'는 나를 뜻하고 'Unification'은 통일을 뜻하여 '내가 만드는 통일'이라는 의미를 가지고 있다. 이 최초의 통일 크라우드 펀딩 플랫폼은 통일 및 북한과 관련된 개별적인 주제로 프로젝트를 등록하여 후원자가 원하는 프로젝트를 선택하여 재량껏 후원할 수 있고, 모금 즉시 해당 프로젝트를 실행시킬 수 있다는 특징을 가지고 있다. 따라서 기존의 통일모금 방식과 다른 새로운 해법을 제시하고 다양한 프로젝트를 통한 교류 활동으로 통일비용 감소에도 도움을 줄 수 있다는 확신을 가지고 있다.

iUNIFICATION은 신뢰를 위해서 모금 성공 후 프로젝트를 어떻게 투명하게 진행하였는지 후원자들에게 다시 알려 주는 일을 가장 중점에 두고 있다. 여러분들께서 한반도 평화통일에 대해서 관심을 갖고 기여할 방법을 찾고 계신다면 iUNIFICATION이 훌륭한 창구가 될 수 있다고 생각한다. 많은 참여와 후원을 부탁드린다.

For Peaceful Korea

i UNIFICATION

'내가 만드는 통일' 이라는 뜻이 담긴
세계최초의 통일 관련 Crowd Funding 기업입니다.

전 세계에는 북한에 후원과 투자를 하고 싶은 많은 사람들이 있습니다.
i UNIFICATION 은 여러분들의 후원과 투자의지를
구체적이고 안정적으로 실행할 수 있는 플랫폼 기업입니다.

우리의 관심이 끊임없이 이어질 때,
통일이 한 발짝 더 다가올 것임을 믿습니다.
i UNIFICATION이 그 길에 함께 가겠습니다.